열두 달 세시 풍속 이야기

박혜숙 글
눈이 펑펑 오는 날 새벽에 태어났습니다. 어려서부터 이야기를 참 좋아했습니다. 지금은 어린이들에게 들려줄 멋진 동화를 쓰려고 끙끙거리고 있습니다. 그동안 쓴 책으로《잔소리 대마왕》,《깜빡깜빡 깜빡이 공주》,《거짓말을 왜 할까요?》 등이 있습니다. 이 책을 읽는 친구들 마음속에 우리 명절과 풍속에 대한 관심이 솔솔 생겨나면 좋겠습니다. 조상들의 지혜와 숨결까지 느낄 수 있다면 진짜 행복할 것입니다.

한수자 그림
경기도 파주에 살고 있는 그림 작가이자 만화가입니다. 곧 태어날 아가랑 같이 재미난 상상을 하면서 그림을 그리고 있습니다. 그린 책으로는 동화책《떴다! 벼락이》,《잠자는 호랑이 코털을 건드리다》, 《5월 5일은 혜린이날》, 그림책《어른이 되는 날》, 만화책《만화로 만나는 다산 정약용》 등이 있습니다.

조규돈 인터뷰
강릉에서 태어났고 30여 년 동안 강릉문화원에서 일했습니다. 지금도 강릉단오제보존회 회장으로 활동하면서 강릉단오제를 비롯해 강릉의 민속 문화를 보존하는 데 열정을 기울이고 있습니다. 중요무형문화재 제13호 단오제 제례 부문 예능 보유자로 대한민국 문화예술상을 받았으며, 쓴 책으로 《조선 시대 상장·제례의 이해》가 있습니다.

열두 달 세시 풍속 이야기

박혜숙 글 · 한수자 그림 · 조규돈(단오제 제례 예능 보유자) 인터뷰

글쓴이의 말

세시 풍속 얘기 좀 들어 볼래?

세시 풍속은 일 년을 주기로 계절에 따라 반복되는 우리나라 고유의 풍속이야. 우리나라는 봄, 여름, 가을, 겨울, 계절의 변화가 뚜렷해서 옛날부터 계절에 맞추어 땅을 일구고 농사를 지었거든. 농사는 일 년을 주기로 하는 거라, 거기에 맞춰서 풍속도 생겨났어. 예로부터 달마다 명절이 있는 건 힘든 농사일이 계속되니까, 때맞추어 휴식을 취하기 위한 거야. 그래야 힘을 내서 농사를 더 잘 지을 수 있으니까.

요즘처럼 첨단을 달리는 시대에 고리타분하게 웬 세시 풍속 타령이냐고? 하긴, 그런 생각이 들 수도 있겠다. 그런데 이거 아니? 세시 풍속은 우리나라 사람들이 어떻게 살아왔는지, 어떤 생각을 하며 살아왔는지 보여 주는 거야. 우리 세시 풍속에는 신과 조상님께 감사를 드리고 이웃과 어울려 지내기 좋아하는 우리 조상의 정신이 잘 담겨 있어. 또 세시 풍속은 공동체 의식을 일깨워 주는 역할도 했어. 같은 음식을 먹고, 같은 놀이를 하다 보면 사람들끼리 똘똘 뭉치게 되고, 우리 민족이 하나라는 생각이 절로 들거든.

명절이라고 하면 설날, 대보름, 추석밖에 생각나지 않는데, 무슨 명절이 이렇게 많냐고? 예전에는 달마다 명절이 있었어. 그런데 대부분의 명절이 농사짓는 것을 기준으로 해서 만든 풍속이라 지금, 도시에 사는 사람들과는 맞지 않는 부분이 있어. 그래서 요즘엔 지내지 않는 명절이 더 많지. 또 지금 우리가 지내는 풍속 중에도 예전과 달라진 게 많아. 풍속이란 원래 지역에 따라 다르기도 하고, 시대에 따라 변하기도 하거든. 하지만 우리 조상이 어떻게 살았는지 알아보는 것도 재미있지 않을까? 아무리 세월이 흘러도 우리가 한국 사람이라는 건 변하지 않으니까.

이참에 열두 달 세시 풍속을 제대로 한번 체험해 보지 않을래? 우리나라에는 어떤 민속 명절이 있는지, 어떤 음식을 먹고, 어떤 놀이를 하며 지내는지 살펴보는 거야. 그러다 보면 우리 세시 풍속이 크리스마스나 밸런타인데이보다 몇 배 더 흥미진진하단 걸 알게 될걸. 진짜야.

박혜숙

책 읽기의 차례

004 글쓴이의 말 | 세시 풍속 얘기 좀 들어 볼래?

158 온고지신 인터뷰 | 세시 풍속은 우리 문화의 뿌리

166 온고지신 정보 마당 | 천 년의 숨결이 살아 있는 민속 축제, 강릉단오제

- **008** 세배도 드리고, 부럼도 깨물고 — 음력 1월 | 설과 대보름
- **028** 너도 빌고 나도 빌고, 풍년 비세 — 음력 2월 | 영등날
- **040** 찬밥도 먹고, 화전도 먹고 — 음력 3월 | 한식과 삼짇날
- **058** 등도 밝히고, 탑도 돌고 — 음력 4월 | 초파일
- **068** 머리도 감고, 씨름도 하고 — 음력 5월 | 단오
- **080** 신 나게 놀고, 더위도 식히고 — 음력 6월 | 복날과 유두
- **094** 옷도 말리고, 호미도 씻고 — 음력 7월 | 칠석과 백중
- **108** 더도 말고 덜도 말고 한가위처럼 — 음력 8월 | 추석
- **118** 단풍놀이도 하고, 국화차도 마시고 — 음력 9월 | 중양절
- **126** 고사도 지내고, 김장도 하고 — 음력 10월 | 상달 고사와 김장
- **138** 팥죽도 먹고, 달력도 받고 — 음력 11월 | 동지
- **148** 묵은세배도 하고, 해 지킴이도 하고 — 음력 12월 | 섣달그믐

세배도 드리고
부럼도 깨물고

음력 1월 | 설과 대보름

곱디고운 때때옷 차려입고서 친척 이웃 어른께 세배 드리고,
두리둥실 보름달 높이 떠오르면 친구들과 모여 달맞이 가요!

새해 첫날, 설날

와, 음력 1월 1일! 드디어 설날이다. 맛있는 음식도 많이 먹고, 세뱃돈도 받을 생각을 하니 기분이 좋다. 어젯밤 늦게 미국에서 온 민우는 아침부터 내 뒤만 졸졸 따라다닌다. 민우의 미국 이름은 제임스이다. 민우는 고모 아들인데, 아빠가 미국 사람이라 미국에서 자랐다. 하지만 우리말도 곧잘 하고, 김치처럼 매운 음식도 잘 먹는다. 앞으로 일 년간 우리 집에서 지내면서 한국 문화를 배운단다. 갑자기 동생이 생겨 좀 귀찮긴 해도, 대장이 된 기분이 그렇게 나쁘진 않다. 고소한 설음식 냄새가 솔솔 풍긴다. 누나는 언제 일어났는지 벌써 설빔을 곱게 차려입고 있다.

"뭐 해? 빨리 설빔 갈아입고 나와. 차례 지내야지!"

'치, 누나는 오늘 같은 날도 잘난 체를 해요.'

민우와 난 서둘러 설빔으로 갈아입고 거실로 나갔다. 거실에는 병풍이 쳐져 있고, 차례 상이 놓여 있었다.

"할아버지, 지금 제사를 지내려는 거죠?"

민우가 물었다. 민우는 궁금한 것이 많다. 할아버지께서 기특하다며 민우 머리를 쓰다듬으셨다.

"민우가 용케 제사를 아는구나. 설날에 지내는 제사는 특별히 차례라고 부른단다. 설날 아침에 조상을 모시고 한 해가 시작되는 걸 알리는 거지."

차례 상이 다 차려지자 할아버지께서 먼저 상 앞에 꿇어앉아서 향을 피우고 절을 두 번 하셨다. 할아버지께서 잔을 올리고 나자, 식구들 모두 같이 절을 올렸다. 그러곤 모두 잠시 엎드려 있었다.

"아우, 다리 아픈데 일어나면 안 돼요?"

얼마 지나지 않아 민우가 투덜거렸다.

"조금만 기다려. 조상님이 식사 중이시거든."

조금 있다 할아버지께서 수저를 걷자, 모두 다시 절을 올렸다.

"자, 고생했다. 차례가 끝났으니 이제 세배를 해야지."

할아버지 말씀에 모두 우르르 할아버지 방으로 몰려가서 세배를 했다. 내가 절을 올리자, 민우도 넙죽 따라 했다.

"새해 복 많이 받으세요!"

"현욱이랑 민우도 올 한 해 건강하게 잘 지내라!"

할아버지께서 덕담을 하셨다. 나도 질세라 얼른 민우에게 덕담을 했다.

"민우야, 모르는 것 있으면 뭐든지 물어봐. 형이 다 알려 줄게."

"야, 최현욱! 덕담은 잘되라고 빌어 주는 말이야. 너처럼 잘난 체하는 게 아니지."

눈치 빵단 누나가 참견을 했다. 으으, 동생 앞에서 날 우습게 만들다니! 저러니, 좋아할 수가 있나. 그래도 오늘은 세뱃돈 받는 날이니까 내가 참는다. 그때 할아버지께서 허리에 찬 복주머니에서 세뱃돈을 꺼내 나눠 주셨다. 기분이 좋아진 민우는 할아버지 뺨에 "쪽! 쪽!" 하며 뽀뽀를 했다. 나도 얼른 할아버지한테 달려들어 뽀뽀를 했다.

세배가 끝나고 모두 둘러앉아 떡국을 먹었다. 떡국을 먹으면 나이를 한 살 더 먹는 거니까 난 두 그릇을 먹었다. 누나보다 나이가 많아질 수만 있다면 열 그릇, 스무 그릇이라도 먹을 수 있을 텐데. 두 그릇을 먹고 한 그릇 더 달라고 하자 누나가 또 끼어들었다.

"그만 먹어. 나중에 배 아프다고 징징거리지 말고. 오늘은 특별히 몸조심해야 하는 날인 거 몰라?"

"누나가 뭔데 자꾸 참견이야!"

퉁명스럽게 한마디 했더니, 우리가 다투는 모습이 보기 불편하셨던지 할아버지께서 큰기침을 하며 말씀하셨다.

"새해 첫날부터 아옹다옹하다니, 그만해라. 설날은 한 해가 시작되는 날이니 몸도 마음도 조심하고 함부로 행동하지 말아야 한단다. 그러니 오늘은 서로에게 좋은 말만 해 주어라."

누나가 나를 향해 혀를 날름 내밀었다. 그걸 본 민우가 쿡쿡 웃었다.

아침 식사를 한 뒤 식구들끼리 이야기를 나누고 있는데, 할아버지 제자들이 세배를 왔다. 할아버지는 현관까지 나가서 반갑게 손님을 맞으셨다.

"여기까지 오느라 고생 많았네."

"선생님, 그런 말씀 마세요. 당연히 찾아뵈어야죠."

"아니야. 해마다 잊지 않고 인사를 와 주니 내가 고맙지. 옛날에는 차례가 끝나면 으레 동네 어른과 친지를 찾아뵙고 세배를 드렸지만, 요즘이야 어디 그런가. 그래서 그런지 명절 기분이 덜하다네."

"맞아요. 다들 바쁘게 살다 보니 점점 더 간단하게 지내려고 하는 것 같아요. 편리해서 좋긴 한데, 예전만큼 즐겁진 않아요."

세배가 끝나자 엄마가 세주와 세찬을 내오셨다. 세주는 설날 차례 상에 올리거나 사람들이 마시는 술이고, 세찬은 떡국, 약밥, 강정, 식혜처럼 설날에 먹는 음식이다. 어른들은 모여 앉아 술과 전을 드시고, 우리는 식혜와 강정을 먹었다. 민우는 강정이 입에서 사르르 녹는다며 쉬지 않고 먹었다.

"민우, 너 윷놀이 안 해 봤지?"

할아버지 손님이 돌아가고 나자, 우리는 두 편으로 나뉘어 윷놀이를 했다. 세 판이나 했는데, 누나 팀이 계속 이겼다. 내가 씩씩거리자 재미있는지 누나는 계속 더 하자고 우겼다. 난 얼른 자리에서 일어나 민우 팔을 잡아당겼다.

"우린 나가서 연이나 날리자!"

공원에서 민우는 방패연을 날리고, 나는 가오리연을 날렸다.

즐겁게 먹고 놀다 보니 어느새 밤이 되었다. 민우는 피곤했는지 잠자리 준비를 하는 동안에도 꾸벅꾸벅 졸았다. 나는 민우 옆구리를 쿡 찔렀다.

"따라와. 재미있는 걸 알려 줄게."

어리둥절해하는 민우를 데리고 캄캄한 거실을 지나 현관 앞으로 가자, 천장에 있던 전등이 반짝 켜졌다.

"신발을 들고 따라와, 얼른!"

내가 신발을 들자, 민우도 자기 신발을 얼른 들었다. 내가 방으로 들어와 들고 온 신발을 침대 밑에 숨기자, 민우가 이상하다는 듯이 바라보았다.

"형, 왜 신발을 감춰?"

"할아버지께서 그러셨는데, 설날 밤이 되면 야광귀라는 귀신이 하늘에서 내려와서 신발을 신어 보고 자기 발에 맞으면 그 신발을 신고 간대. 그래서 야광귀가 훔쳐 가지 못하게 신발을 꽁꽁 감추는 거야."

"에이, 거짓말! 나 놀리는 거지?"

민우가 믿지 못하겠다며 눈을 동그랗게 떴다.

"정말이야! 누나 신발은 아마 야광귀가 가져갈걸."

"치, 그렇게는 안 될걸."

언제 들어왔는지 누나가 손에 신발을 든 채 내 말에 끼어들었다.

"정말이야. 야광귀에게 신발을 도둑맞으면 한 해 내내 나쁜 일이 생긴대. 그래서 옛날에는 설날 밤이면 신발을 방에 들여놓고 자거나, 체를 마루나 장독대에 매달아 놓았대."

"왜?"

"야광귀가 체에 있는 구멍을 세느라 신발 훔치러 온 걸 까맣게 잊고 밤을 홀딱 샌대. 그러다 새벽닭이 울면 깜짝 놀라서 부랴부랴 그냥 도망치는 거지."

누나 말에 민우가 얼른 자기 신발을 침대 깊숙이 밀어 넣었다.

"그런데 형, 소원은 언제 빌어?"

"소원?"

"엄마는 어렸을 때 달님에게 소원을 빌었대. 한국에 왔으니까, 형이랑 누나랑 잘 지내게 해 달라고 빌고 싶어."

"아, 그건 대보름 밤에 할 거야. 앞으로 열네 밤만 자면 되니까, 조금만 더 기다려."

민우가 안심이라는 듯 보름달처럼 활짝 웃었다. ★

달을 보며 소원 비는 날, 대보름

아침부터 민우가 나를 흔들어 깨웠다. 내가 귀찮다는 듯이 이불을 푹 뒤집어쓰자, 이불 속으로 들어와 막 간지럼을 태웠다. 개학이 얼마 남지 않아 늦잠을 잘 수 있는 날도 며칠 안 되는데, 민우 때문에 결국 눈을 뜨고야 말았다.

"왜 깨우고 난리야?"

"형, 바로 오늘이야! 소원 비는 날."

맞다, 오늘이 음력 1월 15일, 민우가 기다리던 대보름이다. 민우는 거실을 왔다 갔다 하면서 오 분에 한 번씩 베란다에 나가 하늘을 올려다보았다. 조바심을 내는 게 꼭 똥 마려운 강아지 같았다.

"형, 빨리 밤이 되면 좋겠어. 그래야 보름달이 뜨지."

옆에 있던 누나가 민우 코를 살짝 비틀었다.

"민우 너도 현욱이처럼 성격이 급하구나. 기다려, 아직 멀었으니까."

아침을 먹기 전에 엄마가 땅콩과 호두를 한 움큼 주셨다.

"민우는 부럼 깨물어 봤니?"

"아니요. 부럼이 뭐예요?"

"호두나 땅콩, 밤, 은행처럼 껍데기가 딱딱한 열매를 통틀어 부럼이라고 한단다. 대보름 아침에는 '종기랑 부스럼이 나지 않게 해 주세요.'라고 말하면서 부럼을 꽉 깨물지."

엄마 말씀이 끝나자마자 누나가 잘난 척을 하며 말을 덧붙였다.

"대보름 아침에 부럼을 깨물면 한 해 동안 부스럼이 생기지 않는대."

내가 먼저 땅콩을 깨물자, 민우도 얼른 호두를 하나 집어 들었다. 민우는 힘껏 깨물어도 딱 소리가 나지 않자, 얼굴을 찡그리고 이에 힘을 더 주었다. 조금 있자 딱 소리가 나면서 호두가 산산조각이 났다.

"허허, 소리 한번 크구나. 호두 깨무는 소리에 귀신이 다 도망가고 민우 이는 단단해지겠구나."

할아버지께서 큰 소리로 웃으며 말씀하셨다.

"그런데 할아버지는 왜 아침부터 술을 드세요?"

민우가 묻자 할아버지가 말씀하셨다.

"이건 귀밝이술이란다. 이걸 마셔야 귀가 밝아지고 일 년 내내 좋은 소식만 듣는단다. 게다가 귓병도 생기지 않지."

할아버지께서 데우지 않은 청주를 조금씩 따라 주셨다. 엄청 썼다. 어른들은 술을 왜 먹는지 모르겠다. 누나도 인상을 잔뜩 쓰고 있었다. 그 틈을 놓치지 않고 조그맣게 누나 이름을 부르자, 누나가 퉁명스럽게 돌아보았다.

"왜 불러?"

"누나, 내 더위 사 가!"

"야, 최현욱! 너 정말!"

누나가 씩씩거리며 나를 쫓아왔다. 지난해에는 누나가 먼저 더위를 팔았는데, 올해는 내가 이겼다. 싱글벙글거리는 날 바라보며 민우가 물었다.

"형, 해피해?"

"응, 해피해. 대보름 아침에 더위를 팔면 여름 내내 시원하게 지낼 수 있는데, 방금 누나한테 내 더위를 팔았거든."

뭔가를 생각하던 민우가 불쑥 날 보며 말했다.

"형, 현욱이 형!"

"왜?"

"내 더위 사!"

헉, 민우 녀석에게 한 방 먹었다. 누나가 쌤통이라며 또 혀를 날름거렸다. 나는 화가 나서 소리쳤다.

"엄마, 밥 주세요!"

오늘 아침은 오곡밥이다. 엄마가 오곡밥을 내오자 민우가 신기한 듯 눈을 동그랗게 떴다. 엄마가 잡곡을 하나하나 보여 주면서 말씀하셨다.

"이건 오곡밥이야. 찹쌀, 기장, 수수, 검정콩, 붉은팥, 이렇게 다섯 가지 곡식을 넣어 지은 밥이지. 우리 조상들은 지난해 내내 농사지은 곡식을 잘 모아 두었다가 대보름에는 이렇게 오곡밥을 해 먹었어. 올 한 해도 농사가 잘되기를 빌면서 말이야."

"나물도 많네요?"

"그래, 콩나물은 알지? 이 나물은 호박이고, 이건 시래기, 이건 고사리야. 대보름에는 오곡밥과 함께 아홉 가지나 되는 나물을 먹었어. 지난해 여름 내내 햇빛에 잘 말려 둔 묵은 나물을 먹어야 한 해 내내 더위를 타지 않는다고 생각했거든. 묵은 나물은 겨우내 부족하기 쉬운 비타민과 무기질을 보충해 원기를 북돋아 주지."

난 나물 반찬을 싫어하는데, 민우는 처음 먹는 오곡밥과 묵은 나물이 신기한지 하나하나 맛보면서 맛있게 먹었다.

"오늘 저녁에는 개천가로 달맞이를 가자꾸나."

할아버지 말씀에 민우는 고개를 갸우뚱하며 물었다.

"달맞이요? 그게 뭐예요?"

"높은 곳에 올라가 달을 보며 소원을 비는 거란다. 옛날에는 달이 뜨는 것을 가장 먼저 보는 사람이 복을 많이 받는다고 생각했단다."

민우는 소원을 빌 거라는 말에 벌써부터 기대가 되는 모양이다.

날이 저물어 어둑어둑해지자 우리 가족은 다 함께 집 가까이에 있는 개천가로 갔다. 개천가에는 이미 많은 사람이 모여 흥겨운 놀이를 하고 있었다. 우리 가족은 달이 가장 잘 보일 만한 곳을 찾아 자리를 잡았다. 달이 뜨기를 기다리는 동안 사람들이 달집에 소원을 쓴 종이를 매다는 것을 구경했다. 달집은 솔가지, 대나무, 짚 따위를 고깔모자 모양으로 쌓아서 만드는데, 달이 뜨면 불을 붙여 태운다. 달집이 활활 타면서 내뿜는 불길에 불행한 일을 모

두 태워 버리고, 풍년이 들기를 기도하는 거란다.

"와, 달이 뜬다!"

누군가 외치는 소리에 하늘을 올려다보자 저 멀리 동쪽에서 달이 떠오르고 있었다. 그때 누군가 달집에 불을 붙였다. 주변이 대낮처럼 환해졌다. 달집은 환한 빛을 내며 활활 타올랐고, 농악대는 달집 주위를 돌며 풍물놀이를 했다. 나는 신명이 나서 저절로 어깨를 들썩였다.

"민우야, 어서 소원을 빌어야지."

누나 말에 민우가 중얼중얼하며 소원을 빌었다. 난 달님에게 제발 우리 누나 철 좀 들게 해 달라고 빌었다. 올 한 해 동안 제발 동생인 나 좀 괴롭히지 말라고 말이다.

"할아버지, 옛날에는 달집이 타는 것을 보며 흉년인지 풍년인지를 점쳤다면서요?"

누나 말에 할아버지가 고개를 끄덕이셨다.

"그렇단다. 달집이 고루 잘 타오르면 풍년이 든다고 생각했지. 올해는 달집이 활활 잘 타는 걸 보니 풍년이 들겠구나."

"할아버지, 저건 뭐 하는 거예요?"

쥐불놀이를 하고 있는 사람들을 보며 민우가 물었다.

"저건 쥐불놀이란다. 옛날에는 대보름 밤에 아이들이 기다란 막대기나 줄에 불을 달고 빙빙 돌리며 놀다가, 논둑이나 밭둑에 불을 붙이고 돌아다녔지. 마른풀에 쥐불을 놓으면 곡식을 축내는 쥐들도 없어지고 논과 밭에 있던 나쁜 벌레들도 없앨 수 있다고 생각해서 생긴 놀이란다."

할아버지 말씀이 끝나자마자 참견쟁이 누나가 또 나섰다.

"또 겨우내 얼었던 땅이 따뜻해져서 봄에 심는 농작물이 쉽게 뿌리를 내릴 수 있고, 타고 남은 재가 거름이 되니까 농사도 잘된다고 생각했어."

"우리 조상들은 놀이 하나도 그냥 만들지 않았단다. 풍년이 들기를 바라는 마음을 간절히 담았지."

사람들을 가만히 바라보시던 할아버지 눈가가 촉촉해졌다.

"옛날에는 대보름이 아주 큰 축제였단다. 한 해 농사를 시작하는 때라 동네 사람이 모두 모여 풍년을 기원하고, 줄다리기 같은 민속놀이를 하면서 화목을 다졌지."

"줄다리기에서 이긴 마을엔 선물도 주나요?"

민우가 물었다.

"선물? 허허허. 서로 어울려서 흥겹게 노는 게 바로 선물이었단다. 그렇지만 이긴 마을엔 풍년이 들고, 진 마을엔 흉년이 든다고 해서 모두 이를 악물고 줄을 당겼단다. 이런 좋은 풍속이 사라져 가는 게 아쉽구나."

"저도 우리나라에 이렇게 좋은 풍속이 많다는 걸 잘 몰랐어요."

맨날 잘난 척만 하던 누나가 잘 몰랐다는 말을 하니 좀 이상했다.

"너희 이참에 세시 풍속 여행을 떠나 보는 건 어떻겠니?"

"그거 재미있겠다. 그런데 어디로 가요?"

"다음 달부터 내 친구인 김 훈장이 사는 전통 마을로 가자꾸나. 설날부터 대보름까지 요 며칠 곰곰이 생각해 보니 세시 풍속에 대해서 제대로 알고 지켜 나가는 것도 좋지만, 그걸 즐기는 게 더 먼저란 생각이 들더구나."

"잠깐만요, 할아버지! 혹시 우리를 전통 마을에 데려다 놓고 공부시키려는 건 아니죠? 공부는 싫어요!"

"현욱아, 할아버지가 세시 풍속을 기억할 수 있는 건 그것이 즐겁고 흥겨운 축제였기 때문이란다. 달마다 풍년이 들고 집안이 잘되기를 바라며 하늘과 조상에게 제사를 지내면서 그때마다 온 마을 사람이 모여 춤추고 노래를 불렀거든. 이제 너희도 세시 풍속을 즐길 수 있는 방법을 함께 찾아보자꾸나. 다음 달에는 할아버지랑 같이 가서 김 훈장이랑 인사도 하고. 가만 보자, 음력 2월이면 머슴날과 영등할망에 관한 이야기를 들을 수 있겠구나."

"네? 무슨 할망이요?"

민우는 벌써부터 할아버지 작전에 말려들었다. 누나도 고개를 끄덕끄덕한다. 멀리 미국에서 민우가 올 때부터 눈치가 이상했다. 뭐, 내가 백번 양보해서 이번 기회에 세시 풍속을 제대로 아는 것도 나쁘진 않을 것 같지만, 얄미운 누나는 빼고 가면 좋겠다. 하지만 그렇게 말했다가는 할아버지한테 콩 쥐어박힐 게 뻔하다. 그나저나 전통 마을은 어떤 곳일까?★

현욱이와 현미의 달마다 세시 풍속 노트

설날 떡국에 담긴 세 가지 비밀

설날은 음력 1월 1일로 한 해가 시작되는 첫날이야. 옛사람들은 겨우내 죽어 있던 세상의 모든 것이 설날이 되면 다시 살아 움직인다고 믿었어. 그래서 설날을 특별한 날로 생각하며 가족의 건강과 복을 빌었지. 설날에 떡국을 먹는 것도 그 때문이야. 떡국은 하얗고 둥글고 기다란 '가래떡'으로 끓이는데, 여러 뜻이 담겨 있거든.

첫째, 가래떡의 흰색과 둥근 모양은 밝고 둥근 태양을 나타내. 그래서 흰 가래떡을 먹으면 한 해를 밝게 시작할 수 있다고 생각했어.

둘째, 가래떡이 길고 가는 것은 식구들이 한 해 동안 건강하게, 또 오래 살기를 바라는 마음이 담긴 거야.

셋째, 떡국을 끓일 때는 가래떡을 납작하게 썰어. 그 모양이 마치 동전을 닮았는데, 부자가 되기를 바라는 마음이 담긴 거야.

음력은 뭐고, 양력은 뭘까?

음력은 달이 지구를 한 바퀴 도는 시간을 기준으로 일 년을 나타낸 거야. 일 년을 열두 달로 하고, 한 달의 길이로 29일과 30일을 번갈아 사용해. 그래서 일 년이 354일이야. 양력은 지구가 태양을 한 바퀴 도는 데 걸리는 시간을 일 년으로 정한 것으로, 일 년이 365일이지.

너도 빌고 나도 빌고 풍년 비세

음력 2월 | 영등날

농사짓기 좋도록 바람 불라고 영등제도 정성껏 지내고,
냄새나는 노래기 이사 보내고 옹기종기 모여서 콩도 먹어요!

농사 준비를 시작하는 날

새 학기라 봄이 시작될 때인데, 왜 이렇게 추울까? 그래도 낮에는 햇볕이 제법 따뜻한 게 개구리가 정말 겨울잠에서 깨어날 것만 같은 날씨다. 음력 2월 1일, 내리쬐는 봄 햇살을 맞으며 할아버지, 누나, 민우와 함께 전통 마을로 갔다. 마을 입구에 들어서자마자 할아버지는 김 훈장님과 반갑게 얼싸안았다.

"오랜만일세, 김 훈장. 우리 애들이 우리 것을 맘껏 보고 즐길 수 있도록 도와주게나."

"걱정 말게. 어디 보자. 네가 첫째 현미, 둘째 현욱이. 오라, 네가 민우로구나. 멀리 미국에서 왔다지?"

훈장님께서는 우리를 따뜻하게 맞아 주셨다.

"너희 혹시 오늘이 무슨 날인지 아니?"

우리는 훈장님의 뜬금없는 질문에 모두 고개를 갸우뚱했다.

"오늘은 음력 2월 1일이란다. 영등날, 머슴날, 노래기날, 중화절이라고도 하지."

"와, 이름이 정말 많네요."

민우 말이 채 끝나기도 전에 갑자기 하늘이 흐려지더니 바람이 쌩하게 불었다. 모자가 날아갈까 봐 내가 손으로 모자를 꽉 눌러 잡았더니, 김 훈장님께서 이상한 말씀을 하셨다.

"귀한 손님이 온 줄 알고 영등할망이 마중을 오나 보구나."

"영등할망이 누구예요? 어디 있어요?"

우리가 이곳저곳을 두리번거리자, 할아버지와 훈장님께서 서로 바라보며 껄껄 웃으셨다.

"영등할망은 사람이 아니라, 바람을 일으키고 잠재우는 바람 신이란다. 음력 2월 1일, 즉 초하루가 되면 하늘에서 내려와 세상 여기저기를 둘러본 다음 20일쯤 다시 하늘로 올라간단다. 자, 모두 날 따라오렴."

바람이 더 세지기 전에 훈장님을 따라 집으로 향했다. 집 뒤뜰에 있는 장독대에는 크고 작은 독과 항아리들이 옹기종기 모여 있었다. 그 앞에 물이 담긴 그릇과 떡, 고기, 국과 밥, 술을 차려 놓은 것이 보였다. 그리고 한복을 입은 아줌마가 기도를 올리고 계셨다.

"훈장님, 저 아줌마는 지금 뭐 하시는 거예요?"

민우가 신기한 듯 아줌마를 바라보며 물었다.

"영등할망께 제사를 지내는 거란다. 농사를 잘 지으려면 바람이 너무 많이 불어도 안 되고 바람이 너무 없어도 안 된단다. 또 비가 너무 안 와도 문제고, 너무 많이 와도 문제지. 그래서 바람을 다스리는 영등할망께 정성을 다해 제사를 지내는 거란다."

"아하, 오늘 영등할망이 내려오기 때문에 영등날이라고 하는 거죠?"

대답을 한 민우가 기특한지 훈장님이 민우 머리를 쓰다듬으셨다. 그러자 이번에는 할아버지께서 말씀하셨다.

"그래. 영등할망께 지내는 제사인 영등제는 동해안과 경상도, 제주도 지방에서 주로 지냈단다. 바람이 심한 제주도에서는 영등할망이 해산물을 잘 자라게 해 준다고 믿었지. 그래서 음식을 잘 차려 놓고 영등굿을 올리곤 했단다."

할아버지 말씀이 끝나자마자 누나가 끼어들었다.

"2009년에 제주 칠머리당 영등굿이 세계 무형 유산에 선정되었다는 뉴스를 본 적이 있어요."

누나가 자꾸만 잘난 척하는 게 얄미워서 나도 얼른 한마디 했다.
"말도 안 돼! 굿은 미신이잖아!"
"현욱이가 오해를 하고 있구나. 우리 조상들은 오랜 옛날부터 복을 빌거나 풍년을 기원할 때, 또 비를 내려 달라고 빌 때 신께 굿을 하곤 했단다. 굿은 조상들의 간절한 소망을 담은 우리 고유의 풍속이란다."

치, 이럴 줄 알았으면 가만히 있을걸 괜히 창피만 당했다. 난 부끄러워 얼른 그 자리를 피하고 싶었다. 그때 건너편 큰 기와집 마당에서 쿵더쿵 쿵쿵 북 치는 소리가 들렸다.

"시끌벅적 뭔가 벌어지고 있나 봐요."

가까이 다가가 보니 천막을 쳐 놓고 마을 사람들이 잔치를 벌이고 있었다. 북소리에 맞추어 어깨춤을 덩실덩실 추고 있는 모습이 꽤 신 나 보였다. 우리는 사람들 틈으로 비집고 들어갔다.

"훈장님, 지금 뭘 하고 있는 거예요?"

"머슴 잔치를 즐기는 거란다."

"머슴이요?"

내가 궁금해하자, 이번에도 누나가 얼른 나섰다. 으이구, 누나는 정말 얄밉다.

"옛날 부잣집에서는 농사를 짓기 위해 집안에 따로 일꾼들을 데리고 있었는데, 그 일꾼들을 머슴이라고 하는 거야. 맞죠, 훈장님?"

"현미가 잘 알고 있구나. 오늘은 한 해 농사를 시작하는 날이라, 농사일이 시작되기 전에 머슴들이 배불리 먹고 즐겁게 하루를 지내도록 떡과 술, 고기 등을 준비해서 잔치를 열어 주었단다. 그래서 머슴날이라고 부르지."

우리는 한참 동안 잔치를 구경한 뒤 다시 훈장님 댁으로 돌아왔다. 그런데 가는 길에 보니 집집마다 지붕 위에 솔가지가 있었다. 좀 이상하다고 생각했는데, 훈장님 댁에도 지붕 위에 솔가지가 있었다.

"훈장님, 왜 지붕 위에 솔가지를 얹어 놓으셨어요?"

"그건 오늘이 노래기를 이사 보내는 날이기 때문이란다."

"노래기요? 혹시 건드리면 고약한 냄새를 풍기는 벌레요?"

"그래. 솔가지나 솔잎을 뿌려 놓으면 노래기가 집으로 들어오지 못한단다. 또 기둥이나 벽에 '향랑각시 속거천리'라는 글을 써 붙이기도 하지."

또 누나가 얄밉게 불쑥 끼어들었다.

"책에서 봤어요. '노래기 씨, 천리 밖으로 멀리 가세요.'라는 뜻이죠?"

"현미가 아는 게 제법 많구나. 대견한걸!"

훈장님께서 누나를 칭찬하시자 배가 아팠다. 마루에 앉아 쉬고 있는데 아까부터 훈장님 허리춤 사이로 뭔가 삐죽 튀어나온 게 보였다. 뭘까 궁금해서 이리저리 기웃거렸더니 훈장님께서 허리춤에 있던 것을 꺼내 우리에게 내미셨다.

"요 녀석, 뭘 훔쳐보는 게냐? 이게 궁금하더냐?"

그 물건은 바로 자였다. 요리조리 살펴봤지만 그냥 자일 뿐이다. 훈장님께서 왜 자를 가지고 계셨는지 도저히 모르겠다. 자로 키를 재는 날인가? 잘난척쟁이 누나도 잘 모르는지 눈만 끔뻑이고 있다.

"이건 '중화척'이라는 자란다. 조선 시대에는 해마다 음력 2월 1일이 되면 임금님이 신하들에게 이 자를 나누어 주었단다. 그래서 오늘은 '중화절'이라고도 하지."

"왜 중화척을 나누어 준 거예요?"

"나랏일을 할 때 자로 잰 것처럼 정확하게 하고, 수확을 많이 올릴 수 있도록 농사에 신경을 쓰라고 나누어 준 거지."

"영등날, 머슴날, 중화절이 다 다른 것 같지만, 모두 농사와 관련된 날이네요. 풍년을 기원해서 그런가 봐요."

누나가 또 나서서 정리를 하자, 훈장님께서 흐뭇하다는 듯이 웃으셨다.

"그렇지, 현미가 아주 똑똑하구나. 다음 달은 음력으로는 3월이지만, 양력으로는 4월이니 날씨가 더 따뜻해져 밭에 씨앗을 뿌리기 좋겠구나. 꽃도 아주 곱게 필 거야. 다음 달에 오면 화전놀이도 가고, 한식에 얽힌 재미있는 이야기도 나누어 보자꾸나. 농사일은 거들라고 하지 않을 테니 마음 편히 오너라."

훈장님께서 돌아가는 길에 먹으라고 볶은 콩이 든 주머니를 하나씩 나누어 주셨다. 2월 초하룻날에 콩을 볶아 먹으면 새와 쥐가 없어져서 곡식을 축내는 일이 없고, 한 해 내내 건강하단다. 콩 하나를 입에 넣고 오도독 씹자, 고소한 맛이 입안을 가득 채웠다. ★

영등할망은 누굴까?

음력 2월은 봄의 기운이 시작되는 때야. 하지만 꽃 피는 것을 샘내듯 찬 바람이 많이 불고, 날씨 변덕이 심하지. 옛날 사람들은 음력 2월의 꽃샘추위가 영등할망 때문이라고 생각했어. 영등할망은 바람을 다스리는 신으로 하늘에서 살다가 해마다 음력 2월 1일이면 땅에 내려와서 음력 2월 15일이나 20일에 다시 하늘로 올라간대.

그런데 영등할망이 땅으로 내려올 때 딸을 데리고 오면 날씨가 맑고 산들산들 봄바람이 불고, 며느리를 데리고 오면 비가 내린다고 생각했어. 농사는 비와 관련이 많기 때문에 사람들은 영등할망이 며느리를 데리고 내려와 풍년이 들기를 바랐지. 그래서 영등할망이 땅으로 내려오는 날을 '영등날'이라고 부르며 정성껏 제사를 지냈어. 한 해 동안 바람이 알맞게 불고, 비가 알맞게 내려 풍년이 들기를 바랐던 거야.

찬밥도 먹고
화전도 먹고

음력 3월 | 한식과 삼짇날

식구들과 술과 과일 싸 들고 가서 조상님께 나란히 절도 올리고,
산과 들이 붉은옷 차려입으면 친구들과 모여서 봄맞이 가요!

조상님 산소를 돌보는 날, 한식

벌써 3월을 지나 4월이다. 몇 주째 계속 날씨가 맑다. 밖에 나가서 민우랑 신 나게 축구를 하기에 좋은 날씨다. 난 이렇게 즐거운데 할아버지는 봄 가뭄이 계속되면 농사짓는 사람들이 걱정이 많을 거라며 안타까워하신다. 참, 훈장님께서 4월에는 밭에다가 여러 가지 씨앗을 심는다고 하셨는데……

오늘이 식목일인 데다 내일이 일요일이라 어제 저녁에 누나랑 민우와 같이 고속버스를 타고 전통 마을에 도착했다. 버스 안에서 민우에게 우리말을 좀 더 가르쳐 주려고 계속 끝말잇기 놀이를 했더니, 목도 다 쉬고 너무 피곤했다. 난 훈장님 댁에 도착하자마자 정신없이 곯아떨어졌다. 게다가 오늘은 아침 일찍 일어나 마당까지 쓸었더니, 배도 고프고 목도 아프다.

"애들아, 밥 먹자."

어디선가 쩌렁쩌렁한 목소리가 들렸다. 어, 영등날 장독대에서 절을 하던 아줌마였다. 알고 보니 훈장님 며느리란다. 아침을 먹는데 밥이 전날 해 놓은 것처럼 너무 차다.

"아침부터 찬밥이라니! 너무하세요. 마당까지 쓸었는데."

"오늘만 그냥 먹어."

아줌마가 가볍게 눈을 흘기셨다.

"싫어요! 따뜻한 밥으로 주세요."

"허허, 녀석도 참. 오늘이 바로 한식이란다. 차가울 한(寒), 밥 식(食), 차가운 밥을 먹는 날."

"으휴, 무슨 이런 엉터리 명절이 다 있어요."

내가 계속 툴툴거리자, 훈장님께서 한식에 얽힌 옛날이야기를 하나 들려 주셨다.

"옛날 중국 진나라에 문공이라는 사람이 있었단다. 문공은 전쟁에 져서 적군에게 쫓기는 신세가 되었지. 먹을거리가 떨어져 굶어 죽게 되자, 문공의 신하였던 개자추가 자기 넓적다리 살을 도려내서 구워 주었단다."

"네? 자기 살을 구워 주었다고요?"

"문공이 굶는 게 안타까웠던 게지. 개자추는 충성심이 대단한 신하였거든. 개자추의 정성에 감동한 문공은 나중에 왕이 되면 개자추에게 큰 벼슬을 내리겠다고 굳게 약속했단다.

하지만 문공은 약속을 지키지 않았어. 왕이 되자 개자추와 한 약속을 까맣게 잊어버렸지. 실망한 개자추는 어머니와 같이 '면산'이라는 곳에 들어가 꼭꼭 숨어 살았단다. 그러던 어느 날 불현듯 개자추가 생각난 왕은 신하들을 시켜 개자추를 찾았지. 벼슬을 내린다고 했지만, 개자추는 산에서 나오지 않았어. 그러자 왕은 개자추를 나오게 하려고 산에 불을 질렀단다.

하지만 개자추는 끝내 산에서 내려오지 않고 죽고 말았지. 그제야 자기 잘못을 깨달은 왕은 땅을 치며 울었단다. 그러고는 개자추를 위로하기 위해 개자추가 죽은 날은 불을 피우지 말라고 명령했지. 그때부터 백성들은 개자추가 죽은 날에는 찬밥을 먹었단다."

"아하, 개자추가 죽은 날 먹던 찬밥이 그대로 한식(寒食)이 된 거군요?"

나는 척척 이해가 되는데 누나는 뭐가 이상한지 고개를 갸웃거렸다.

"그럼 한식은 중국 명절이네요?"

"신라 시대 때 중국에서 들어오긴 했지만 중국 풍속이 그대로 전해진 건 아니란다. 다른 세시 풍속처럼 한식도 한 해 농사와 맞물려 풍년을 기원하는 날이 되었지. 한식은 농사가 시작되는 때라 밭에 뿌린 씨앗이 잘 자라게 해 달라고 조상님께 기원하는 날이거든. 시간이 흐르면서 한식은 설날, 단오, 추석과 더불어 우리 대표 명절로 자리를 잡았단다."

"설날과 추석, 단오가 대표 명절이라는 건 인정해요. 먹을 것도 많고 민속놀이도 많이 하니까요. 그런데 한식은 좀……."

훈장님은 누나가 계속 관심을 보이자 기특한지 빙그레 웃으셨다.

"요즘은 편하게 가스레인지나 전기밥솥에 밥을 하지만 옛날에는 아궁이에 불을 때서 밥을 했단다. 따뜻한 밥을 지으려면 언제나 아궁이에 불씨를 남겨 두어야 했지. 그래서 불씨 지키는 일을 가장 중요하게 생각했단다."

"그래서 며느리가 불씨를 꺼뜨리면 쫓아낸 거예요?"

"그렇지. 또 옛날에는 모든 것에 생명이 있다고 생각했단다. 불도 생명이 있어서 오래되면 생명력이 없어지고 사람들에게 나쁜 영향을 미친다고 생각했지. 그래서 해마다 한식이 되면 봄을 맞이하는 뜻에서 새 불로 바꾸었단다."

"불을 바꾸는 거랑 찬밥을 먹는 거랑 무슨 관련이 있어요?"

 "불을 바꾸는 일은 나라의 중요한 행사였단다. 임금님께서 새 불을 일으켜서 신하와 고을 수령들에게 나누어 주셨지. 사람들은 새 불씨를 받으려고 묵은 불씨를 모두 껐단다. 그런데 불이 궁궐에서 백성들의 집까지 이르려면 시간이 많이 걸렸지."

 "아, 묵은 불씨를 끄고 새 불을 기다리다 보니 한식에는 불 없이 지내게 되었군요. 불이 없으니까 미리 해 놓은 찬 음식을 먹을 수밖에 없었고요."

 "그렇지. 또 한식 때는 날씨가 건조하고 바람도 많이 불어서 자칫하면 큰 불이 나기 쉽단다. 한식에는 불을 조심하라는 뜻도 담겨 있는 거야."

"그런데 저희 집은 한식에 한 번도 찬밥을 먹지 않았던 것 같아요."

누나 말을 듣고 보니 아무리 생각해 보아도 찬밥을 먹은 기억이 없었다.

"요즘은 설날과 추석만 큰 명절로 생각해서인지, 한식을 챙기는 사람들이 많이 줄어들었단다. 옛날처럼 불씨가 귀하지 않으니 한식의 의미가 많이 약해졌지. 그래도 한식은 밭에 뿌린 씨앗이 잘 자라게 해 달라고 조상님께 기원하는 중요한 날이란다."

"조상님한테는 어떻게 소원을 빌어요? 설날처럼 차례를 지내나요?"

민우도 궁금한지 끼어들었다.

"그래, 한식에는 조상님 산소를 찾아가서 성묘도 하고 제사를 지낸단다. 고려 시대에는 한식에 성묘 가는 것을 중요하게 생각해서 특별 휴가를 주기도 했지."

밥을 먹고 난 뒤 훈장님을 따라 훈장님의 조상님 산소에 성묘를 갔다. 집에 있었으면 우리 조상님을 찾아갔을 텐데, 조금 아쉬웠다. 내년 한식에는 꼭 할아버지와 함께 조상님 산소를 찾아 성묘를 해야겠다. 한식 무렵이면 겨우내 꽁꽁 얼었던 땅이 녹으면서 산소가 무너져 내리기도 한단다. 그래서 산소를 잘 살펴서 무너진 부분은 흙을 다시 쌓고, 풀이 죽은 곳에는 새로운 풀을 심는다. 준비해 간 과일과 고기, 떡, 포와 술을 차려 놓고 훈장님과 같이 조상님께 절을 올렸다.

"이렇게 한식에 산소에서 간단히 지내는 제사를 '한식 차례'라고 한단다. 우리 조상들은 한 해에 네 번 성묘를 했지. 봄에는 한식, 여름에는 단오, 가

을에는 추석, 겨울에는 음력 10월 초하룻날에 조상님께 인사를 했단다."

"저도 추석에는 꼭 성묘를 갔어요. 그런데 아까 차례 지내면서 무슨 생각을 하셨어요?"

누나의 질문에 훈장님은 빙그레 웃으면서 말씀하셨다.

"올해 농사가 풍년이 들게 해 달라고 빌었단다."

성묘를 마치고 난 뒤 산소에 난 풀을 뽑고 잔디도 새로 입혔다. 일을 마치자, 후두둑 후두둑 빗방울이 떨어졌다. 훈장님께서 올해 농사는 풍년이 들겠다며 좋아하셨다. 해마다 한식 즈음이면 가뭄이 들기 때문에, 한식날 비가 내리면 풍년이 든다고 믿었단다. 그래서 비가 오는 한식을 특별히 '물한식'이라고 부른다고도 했다. 그런데 훈장님께서 갑자기 폭탄선언을 하셨다.

"주말에다 학교 개교기념일도 겹쳐 길게 쉰다니, 아예 화전놀이까지 하고 올라가거라. 나랑 한문 공부도 좀 하고."

화전놀이는 좋은데, 한문 공부라니! 헉, 집에서 하는 한자 학습지도 지겨운데 큰일이다.

봄을 알리는 날, 삼짇날

조선 시대도 아니고 앉은뱅이 책상에 앉아서 한문을 따라 읽으려니 몸이 배배 꼬였다. 하지만 공부가 끝나면 곶감과 한과를 준다기에 꾀를 부릴 수도 없었다. 처음에는 다리를 뒤틀고 입이 댓 발이나 나와 있던 민우도 시간이 좀 지나자 제법 가락을 붙여 '하늘 천, 땅 지, 검을 현, 누를 황'을 읊었다. 누나는 목소리가 또랑또랑하다고 훈장님께 칭찬까지 받았다. 쳇, 훈장님은 누나만 좋아하신다.

"얘들아, 화전놀이 가자."

아침을 먹고 나자, 훈장님 며느리인 아줌마가 우리를 부르셨다.

"재미있어요?"

"그럼. 무지하게 재미있지."

아줌마가 자신 있다는 듯 큰 소리로 말씀하셨다.

"아줌마는 목소리가 되게 커."

민우에게 속삭이는 소리를 들었는지, 아줌마가 나를 보고 웃으셨다.

"몸집이 크니 목소리도 크지. 그러니까 아줌마 말 잘 들어!"

"넵! 대장님."

얼떨결에 대장님이라는 소리가 나왔는데, 히히, 아줌마한테 꽤 잘 어울린다. 이제부터 대장 아줌마라고 불러야겠다. 대장 아줌마를 따라 마을 어귀로 가자, 동네 아줌마들이 다 모여 계셨다. 우리는 아줌마들을 따라 산을 오르기 시작했다. 얼마 오르지 않았는데 헉헉, 벌써부터 숨이 찬다.

"놀러 간다면서, 산에는 왜 가요? 등산하는 줄 알았으면 안 왔을 거예요."

"산으로 놀러 가는 거야. 바람도 살랑살랑 불고, 꽃도 방긋방긋 피어나고 봄 소풍 가기 좋을 때잖아."

"에이, 무슨 소풍이 이래요? 간식도 없고, 힘만 들잖아요."

"기다려 보세요, 도련님. 곧 맛있는 것을 먹게 될 테니."

내가 툴툴거리자 대장 아줌마는 알 수 없는 말씀을 하셨다. 산에 먹을 게 뭐가 있다고 맛있는 게 있다는 거야?

"너희 왜 화전놀이를 가는지 아니?"

대장 아줌마 말씀에 누나가 뭐 그런 시시한 걸 물어보느냐는 듯이 냉큼 대답했다.

"봄이잖아요. 봄에는 다들 소풍을 가잖아요."

그러자 아줌마들이 깔깔거리며 웃으셨다.

"틀린 말도 아니네. 봄 소풍이 화전놀이에서 시작된 셈이니까. 오늘은 음력 3월 3일, 삼짇날이야. 나비가 날고, 따뜻한 남쪽 나라로 날아갔던 제비가 돌아오는 날이지. 겨울잠을 자던 뱀과 개구리가 깨어나는 날이기도 해."

난 뱀이 깨어난다는 말에 깜짝 놀라 대장 아줌마 옆에 바싹 붙었다. 그걸 보고 아줌마들은 또 큰 소리로 웃으셨다.

"옛날부터 삼짇날에는 밭에 씨도 잘 뿌려 놨고, 날씨도 좋고 하니 짬을 내서 가족이랑 친구들이랑 산과 들에 나가서 겨우내 묵었던 때를 씻어 내며 봄을 즐기다 왔단다."

"그럼 훈장님은 왜 같이 안 오신 거예요?"

민우는 훈장님께서 안 오신 게 서운한 모양이다.

"조선 시대가 되면서 화전놀이는 여자들만의 나들이로 바뀌었거든. 아마 훈장님은 여자들 틈에 끼는 게 부끄러우셔서 안 오셨을 거야."

옆에 있던 내가 소리쳤다.

"아줌마, 민우랑 저도 남자라고요!"

내 말이 뭐가 그리 재미난지 아줌마들은 내가 말만 하면 깔깔거리며 웃으신다. 이번에는 아예 무릎까지 치며 웃으셨다. 누나는 그런 와중에도 똑똑한 척 질문을 했다.

"그런데 왜 음력 3월 3일에 화전놀이를 가요? 아무 때나 가면 될걸."

"현미가 궁금한 게 많구나. 우리 조상들은 '양수'를 좋아했단다. 양수에 밝고 따뜻하고 좋은 기운이 가득하다고 생각했지. 양수는 1, 3, 5, 7, 9 같은 홀수를 말하는데, 양수 중에서도 특히 3을 가장 좋아했단다."

"아, 알겠어요. 오늘은 3이 두 번이나 들어 있는 날이니까 정말 좋은 날이겠네요. 그래서 화전놀이를 가는 거구나."

"그렇지. 그래서 오늘은 화전놀이만 하는 게 아니라, 나쁜 일이 생기지 않게 해 달라고 기도를 하기도 한단다."

우리 조상님은 머리가 참 아팠겠다. 명절 하나를 정하는 데도 그렇게 복잡했으니 말이다.

산에는 발길 닿는 곳마다 진달래가 활짝 피어 있었다. 대장 아줌마가 진달래꽃을 따서 꿀을 쏙 빨아 먹었다. 나랑 민우도 얼른 따라 했다. 그러자 달짝지근한 맛이 입안 가득 퍼졌다.

우리는 아줌마들과 함께 바구니에 진달래꽃을 따서 담았다. 그런 다음 약수를 끓여서 찹쌀가루를 반죽했다. 밤알만큼씩 반죽을 떼어 동글게 빚은 다음 자그마한 가마솥 뚜껑에 참기름을 두르고 반죽을 올렸다. 수저로 꾹 누른 다음 반죽 위에 분홍색 진달래꽃을 하나씩 얹었다. 반죽이 노릇노릇하게 익자, 그 위에 꿀을 발랐다. 꽃잎을 붙여 만든 떡이라 '꽃 화(花)' 자를 붙여 '화전'이라고 한단다. 옹기종기 모두 모여 앉아 화전을 먹었다. 사탕보다 달콤하고 고소한 그 맛이라니! 약수는 배 속까지 시원했다. 아줌마들은 화전을 먹으며 즐겁게 이야기를 나누셨다.

우리가 심심해하자 대장 아줌마는 들풀과 나뭇가지를 꺾어 누나에게 인형 만드는 법을 알려 주셨다. 나는 하나도 안 이쁘던데 누나는 예쁘다며 좋아라 했다.

　나와 민호에게는 버드나무 가지로 피리 만드는 법을 알려 주셨다. 버드나무 가지를 꺾어 비틀었더니, 껍질 안에 있는 속살은 빠지고 동그란 대롱만 남았다. 이 대롱을 호드기라고 하는데 피리처럼 불면 소리가 났다. 민우가 살짝 입을 대고 호드기를 불었다.

　"형, 진짜 소리가 나!"

옛날에는 장난감이 없었기 때문에 이렇게 들풀을 가지고 장난감을 만들어 놀았다고 한다. 시시해 보였는데 막상 해 보니 꽤 재미있었다.

그때 노랑나비 한 마리가 누나 옆으로 포르르 날아왔다.

"와, 노랑나비다!"

"올해는 현미에게 좋은 일이 많이 생기겠네."

"정말이요?"

누나가 펄쩍펄쩍 뛰며 좋아했다.

"삼짇날에는 나비를 보고 운수를 점치곤 했단다. 노랑나비나 호랑나비를 보면 좋은 일이 생기고, 하얀 나비를 보면 안 좋은 일이 생긴다고 믿었지."

대장 아줌마 말씀을 듣고 혹시나 호랑나비가 있을까 두리번거렸지만 나비는 보이지 않았다. 어느덧 해가 뉘엿뉘엿 기울어 아줌마들과 같이 산을 내려왔다. 저녁을 먹으면서 훈장님께서 말씀하셨다.

"재미있었니? 다음 달엔 논에 모를 심는 모내기가 있어서 눈코 뜰 새 없이 바쁘단다. 현욱이 고사리 손을 빌릴까 했더니, 어머니랑 절에 가기로 했다면서? 그럼 우린 그다음 달에 보자꾸나."

한 달을 못 본다고 생각하자 쪼끔 아쉬운 생각이 들었다. 이 기분은 뭐지? 훈장님이 좋아진 걸까? 에이, 그럴 리가. 참, 대장 아줌마랑은 아주 쪼끔 가까워진 것 같긴 하다. ★

삼짇날 사냥 대회

옛날에는 양수가 겹치는 날을 좋은 날이라 생각해서 1월 1일(설날), 3월 3일(삼짇날), 5월 5일(단오), 7월 7일(칠석), 9월 9일(중양절)을 명절로 삼았대.

삼짇날인 음력 3월 3일은 양수인 3이 두 번 겹치는 좋은 날인 데다, 산과 들에 꽃이 활짝 피는 때야. 그래서 큰 명절로 여겨 봄을 즐기며 노는 날로 정했대. 사람들은 꽃놀이를 가거나 활쏘기 대회를 하며 즐거운 하루를 보냈지.

≪삼국사기≫라는 역사책에 따르면 고구려에서는 해마다 삼짇날이 되면 왕과 신하, 군사, 백성이 낙랑 언덕에 모여 큰 사냥 대회를 열었어. 사냥 대회에서 잡은 멧돼지와 사슴으로 하늘에 제사를 지내고, 사냥을 가장 잘한 사람은 장수로 삼았지. 평강 공주와 결혼한 바보 온달도 삼짇날 사냥 대회에 나가 장수로 뽑혔다고 쓰여 있어.

신라에서는 나쁜 운을 털어 버리는 행사를 치르고, 고려 시대와 조선 시대에는 궁궐에서 큰 잔치를 벌이기도 했어. 삼짇날에는 온 나라가 축제를 벌인 셈이야.

등도 밝히고 탑도 돌고

• 음력 4월 | 초파일 •

호랑이등, 연꽃등 불을 밝혀서 부처님 생신도 축하드리고,
이웃과 손잡고 탑을 돌면서 소원도 간절히 빌어요!

등 밝히고 소원 비는 날, 초파일

음력으로는 4월이지만, 양력으로는 벌써 5월이다. 산과 들이 온통 푸르다. 전통 마을에서는 모심기가 한창이겠지? 훈장님께서 나를 콕 찍어 농사일을 거들라고 했을 때는 가슴이 다 철렁했다. 모 심는 일을 하는 것보다 엄마랑 절에 가는 게 백배 천배 낫지! 하지만 나중에 얘기를 들어 보니 요즘은 모 심는 기계가 있어서 사람이 많이 필요하지도 않고 힘도 덜 든단다.

초파일이 가까워지자 길거리에 분홍, 노랑, 여러 색깔의 연꽃 모양 등이 달리기 시작했다. 엄마가 다 같이 절에 가서 초파일 행사에 참가하자고 하자, 누나가 툴툴거렸다.

"민우도 왔으니까, 우리도 절에 가서 초파일 행사에 참가하자꾸나."

"난 안 갈래요. 부처님을 믿지도 않는데, 왜 절에 가요?"

"현미 넌 교회를 다니지도 않으면서 크리스마스에 선물을 달라고 졸랐잖아. 그럼 왜 그때는 예수님 생일을 챙겼어?"

"그, 그거야……."

똑똑한 체 잘하는 누나도 입이 딱 붙었나 보다.

"교회를 다니든, 다니지 않든 크리스마스를 모두 좋아하는 것처럼 부처님이 태어난 초파일도 종교에 상관없이 우리 풍속 가운데 하나야."

"그래도 난 크리스마스가 더 좋단 말이에요."

"좋아, 그럼 현미는 빼놓고 우리끼리 가자."

엄마 말이 떨어지자, 나도 모르게 "야호!" 소리가 나왔다. 누나가 눈을 흘겼다. 우리는 누나만 빼고 밖으로 나왔다. 막 차에 타려는데, 누나가 헐레벌떡 뛰어왔다. 엄마는 그럴 줄 알았다는 듯이 피식 웃으셨다.

절에도 여기저기에 등이 달려 있었다. 배, 잉어, 거북이, 사자, 학 모양 등 재미나게 생긴 등이 참 많았다. 입을 떡 벌리며 신기해하는 민우를 보고 엄마가 말씀하셨다.

"등이 정말 다양하지? 옛날에는 음력 4월 8일, 부처님이 태어나신 초파일이 가까워지면 집집마다 식구 수대로 등을 만들어 달았단다."

"왜 등을 달았어요?"

"부처님 태어나신 것도 축하하고, 식구들 복도 빌려고 달았지."

엄마 말씀에 민우가 고개를 끄덕였다. 이제야 궁금증이 풀렸나 보다.

초파일은 원래 불교를 믿는 사람들이 불공을 드리던 날인데, 불교가 고려

　시대에 백성들에게 많은 사랑을 받자 종교에 상관없이 누구나 즐기는 우리 풍속이 되었단다. 그게 지금까지 이어져 온 것이란다. 초파일은 등을 달고 불을 켜는 명절이라는 뜻으로 '연등절'이라고도 부른다고 했다.
　"우리도 마음에 드는 등을 골라 볼까?"
　"난 이걸로 할 거야!"
　누나가 먼저 분홍색 연꽃 모양 등을 골랐다. 나도 연꽃 모양 등을, 민우는 잉어 모양 등을 골랐다. 등을 다 고르고 나자, 어디선가 목탁 소리가 들렸다. 그러자 갖가지 등을 든 사람들이 목탁 소리를 따라 걸어갔다. 우리도 얼른 등에 불을 밝히고, 사람들 뒤를 따랐다. 절을 한 바퀴 다 돌고 나자, 저마다 들고 있던 등을 절 곳곳에 매달았다.

 "밤새도록 저렇게 등을 밝혀 둘 거야. 지금은 많이 간소해졌지만, 고려 시대에는 연등 행사가 아주 성대하게 열렸대. 나라에서 법으로 정해 온 백성이 불교를 믿게 했거든."
 종소리가 들리자, 엄마가 탑이 있는 쪽을 가리키면서 말씀하셨다.
 "탑돌이를 할 차례네. 초파일엔 밤새도록 탑을 돌면서 부처님 덕을 기리고 소원을 빌었어. 초파일이 우리 풍속으로 자리 잡으면서, 지금은 탑돌이도 민속놀이로 발전했지. 혼자서 소원을 빌던 일이 함께 모여 즐기는 놀이가 된 셈이야. 자, 우리도 탑돌이 하러 가자."
 사람들이 줄을 지어 탑 주위를 돌았다. 우리도 두 손을 모으고 사람들

뒤에 서서 탑을 돌았다. 시간이 조금 지나자, 사람들이 탑을 가운데 두고 동그랗게 원을 그리더니 손에 손을 잡고 빙글빙글 돌았다. 꼭 춤을 추는 것 같았다. 탑돌이를 끝내고 집으로 돌아오는 길에 엄마가 물어보셨다.

"무슨 소원을 빌었니?"

"비밀이에요!"

"너희 탑돌이에 얽힌 재미있는 이야기가 있는데, 혹시 아니?"

"아니요. 이야기해 주세요!"

우리 셋은 약속이나 한 듯이 동시에 대답했다.

"옛날 신라 시대 때 이야기야. 나이가 늦도록 장가를 가지 못한 김현은 초파일이 되자 흥륜사라는 큰 절에 가서 탑돌이를 했어. 부처님께 아가씨를 만나게 해 달라는 소원을 빌었지. 소원이 이루어져서 탑돌이를 하던 예쁜 아가씨를 만나게 되었어. 첫눈에 반한 김현은 아가씨를 졸라 집까지 따라갔어. 그런데 그 아가씨가 바로 호랑이였어."

"말도 안 돼! 호랑이와 사람이 사랑에 빠졌단 말예요?"

"맞아. 새벽이 되자 아가씨 오빠인 호랑이 세 마리가 나타났어. 사람 냄새를 맡은 호랑이들은 김현을 잡아먹겠다고 으르렁거렸지. 그러자 하늘이 쩌렁쩌렁 울리며 '네 이놈! 오늘 또 사람을 잡아먹으려 하는구나. 네, 너희에게 벌을 내리겠다.'라는 소리가 들렸어. 호랑이들이 무서워 벌벌 떨자 아가씨는 자기가 대신 벌을 받겠다고 나섰어. 그런 다음 김현에게 부탁을 했지."

"무슨 부탁인데요?"

"아가씨는 김현에게 자기를 죽여 달라고 했어. 자신이 호랑이로 변해 사람들을 잡아먹으면 나라에서는 큰 벼슬을 걸고 잡으려고 할 테니, 그때 김현이 나타나서 자신을 죽이면 벼슬길에 오를 수 있을 거라고 했지. 하지만 김현은 그럴 수 없다고 거절했어."

"맞아요. 아무리 호랑이라고 해도 사랑하는 아가씨를 어떻게 죽여요."

"아가씨가 어차피 죽을 거라면 사랑하는 사람 손에 죽고 싶다고 울며불며 애원을 하자, 김현은 마지못해 허락을 했어. 아니나 다를까, 날이 밝자 정말 궁궐 앞에 호랑이 한 마리가 나타나서 사람들을 마구 할퀴고 물어뜯었어. 그러자 왕은 호랑이를 잡는 사람에게 벼슬을 내리겠다고 했지.

김현은 칼을 들고 궁궐 앞으로 갔어. 김현을 힐끗 본 호

랑이는 달아나기 시작했지. 호랑이는 북쪽 숲까지 한달음에 도망쳤어."

"그래서요? 김현이 호랑이를 잡았어요?"

"김현이 숲 속에 도착하자, 호랑이는 어느새 아가씨로 변해 있었어. 아가씨가 웃으며 '다친 사람들은 흥륜사에서 담근 간장을 바르고, 그 절에서 울리는 나팔 소리를 들으면 씻은 듯이 나을 것입니다.'라고 말했지. 김현이 주춤거리자, 아가씨는 훗날 자신을 위해 절을 지어 달라는 얘기를 하고는 김현이 들고 있던 칼을 빼앗아 스스로 목숨을 끊었어."

"불쌍해, 아가씨가 너무 불쌍해. 그래서 김현은 어떻게 됐어요?"

이야기에 푹 빠진 누나가 코맹맹이 소리를 냈다.

"임금님은 큰 벼슬을 내렸지. 하지만 김현은 아가씨를 잊지 못해서 '호원사'라는 조그만 절을 짓고 아가씨를 위해 평생 불공을 드리며 살았대."

"죽은 호랑이 아가씨가 정말 불쌍하다."

누나가 마음이 아프다며 고개를 푹 숙이고 있자, 엄마는 누나의 기분을 바꾸어 주려는 듯 일부러 큰 소리로 말씀하셨다.

"다음 달에는 단오가 있네. 단오가 설날, 한식, 추석과 같이 우리나라 4대 명절인 건 알지? 그네도 뛰고 씨름도 하고, 전통 마을은 온통 축제겠네!"

전통 마을에 가면 누나와 씨름을 하자고 졸라야겠다. 아마 누나쯤은 한 방에 넘길 수 있을 거다. 앗싸, 누나 코를 납작하게 만들어 줄 좋은 기회가 될 것 같다. 벌써부터 다음 달이 기다려진다.

초파일은 어린이날

음력 4월 8일은 초파일이야. 원래 초파일은 불교의 명절이지만 오랜 시간이 흐르는 동안 우리 세시 풍속과 자연스럽게 하나가 되어, 민속 명절이 되었어. 초파일에는 부처님이 태어난 걸 축하하고 복을 비는 연등놀이와 부처님의 덕을 빌고 소원을 비는 탑돌이를 해.

초파일에는 집집마다 등을 달았어. 아이들은 등을 켤 비용을 마련하기 위해 한 달 전부터 장대에 종이를 붙여 깃발을 만들고 물고기 껍질을 벗겨 북을 만들었어. 그런 다음 깃발을 앞세우고 북을 두드리면서 "연등 비용을 보태 주세요."라고 외치며 몰려다녔지. 그렇게 쌀과 베 등을 얻어 등을 다는 비용으로 썼는데, 이걸 '호기'라고 해.

아이들은 초파일 밤이면 불을 밝힌 등 밑에다 자리를 깔고 느티나무 잎을 넣어 만든 떡과 소금에 볶은 콩을 먹으며 놀았어. 물이 담긴 물동이에 바가지를 엎어 놓고 두드리며 노래를 부르거나 춤을 추며 놀았는데, 이 놀이를 '수부' 즉 '물장구 놀이'라고 한대.

또 옛날에는 초파일이 되면 절 앞에 아이들이 좋아하는 인형이나 장난감을 파는 장이 섰어. 초파일을 맞아 부모님과 함께 절에 온 아이들은 장난감을 구경하며 즐거운 시간을 보냈지. 옛날에는 초파일이 마치 어린이날과 같았던 셈이야.

머리도 감고 씨름도 하고

음력 5월 | 단오

창포물에 머리도 감고, 수레바퀴 모양의 떡도 먹어요.
그네 뛰는 재미도 쏠쏠하고 씨름 구경도 신이 나지요.

나쁜 귀신을 쫓는 날, 단오

여름이 시작되는 달이라 그런지 날씨가 후덥지근하다. 장마가 온다고 했는데, 전통 마을에서는 모내기를 잘 끝냈을까? 걱정이 됐다. 전통 마을로 가는 버스에 오르자 누나는 퀴즈를 내느라 바빴다.

"단오랑 어린이날의 공통점은?"

내가 아무 말도 못하자, 누나가 그럴 줄 알았다는 듯이 실실 웃었다.

"바보, 둘 다 5월 5일이잖아. 어린이날은 양력 5월 5일, 단오는 음력 5월 5일. 단오가 어떤 날인지도 모르지?"

"치, 내가 그걸 어떻게 알아? 모르니까 배우러 가는 거 아냐?"

내가 툴툴거리자, 누나가 말했다.

"이럴 줄 알고 인터넷에서 단오의 유래를 찾아 왔으니까, 잘 들어 봐."

누나가 이야기를 시작하자, 민우는 눈까지 크게 뜨고 누나 말에 귀를 기울였다. 어이구, 얄미운 자식!

"단오도 한식처럼 중국에서 전래된 명절이야. 옛날 중국 초나라 때 굴원이라는 충성스런 신하가 있었어. 회왕이 굴원만 아끼자, 신하들은 굴원이 미웠어. 샘이 났지. 그래서 회왕이 죽고 양왕이 왕이 되자, 왕에게 찾아가 굴원 흉을 잔뜩 늘어놓았어. 양왕은 간사한 신하들 말만 듣고 굴원을 멀리 귀양 보냈지. 배를 타고 귀양을 가던 굴원은 갑자기 돌을 안고 강으로 뛰어들었어. 목숨을 던져서라도 죄가 없다는 걸 알리고 싶었나 봐. 그때부터 굴원이 죽은 음력 5월 5일이 되면, 굴원에게 제사를 지내게 된 거야. 그 풍속이 우리나라에 전해져서 단오가 된 거지."

"원더풀! 누나, 정말 대단해!"

누나 이야기가 끝나자 민우가 박수를 쳤다. 치, 별것도 아닌데 잘난 척하기는! 민우는 훈장님을 만나자마자 누나가 굴원 이야기를 해 주었다며 자랑까지 했다.

"현미가 우리 세시 풍속에 관심이 많이 생겼구나. 단오는 한 해 가운데 좋은 기운이 가득 찬 달이란다. 그래서 옛날에는 단오를 설날이나 추석만큼 큰 명절로 생각했지. 모내기가 끝난 뒤라 농부들은 풍년을 기원하는 제사도 드리고, 더운 여름을 맞이하기 전에 하루 농사일을 쉬고 즐겁게 놀았단다."

우리는 훈장님을 따라 개울가로 갔다. 아줌마들이 모여 머리를 감고 계셨다. 우리를 발견한 대장 아줌마가 어서 오라며 손짓을 하셨다. 누나도 창포

물에 머리를 감았다. 대장 아줌마가 수건으로 누나 머리를 탁탁 털자, 향기로운 냄새가 났다.

"기분 좋지? 창포 삶은 물로 머리를 감으면 머릿결이 좋아지고 잘 빠지지도 않는단다."

"네, 저희 집에서 쓰는 샴푸보다 훨씬 좋은 것 같아요."

"요즘에야 좋은 샴푸가 많이 나와서 단오가 되어도 창포물을 쓰는 사람이 없지만, 옛날에는 단오가 되면 창포물에 머리를 감거나 목욕을 하곤 했어. 창포의 독특한 향이 병을 일으키는 나쁜 귀신을 쫓아낸다고 믿었거든."

누나는 대장 아줌마만 만나면 할 말이 많은지 머리를 말리는 내내 한참을 조잘조잘 떠들어 댔다. 머리가 다 마르자 대장 아줌마가 누나 머리를 돌돌 말아 올리더니 비녀를 꽂아 주셨다.

"크크, 누나가 꼭 아줌마 같아요. 그런데 왜 비녀를 꽂아요?"

"나쁜 귀신을 쫓으려고 꽂는 거야. 창포 뿌리로 만든 비녀에 '목숨 수(壽)' 자와 '복 복(福)' 자를 새기고, 붉은색으로 칠해서 머리에 꽂고 다니면 나쁜 귀신을 쫓을 수 있거든."

"창포물에 씻거나 창포비녀를 꽂는 게 다 나쁜 귀신을 쫓는 거네요?"

"그렇지. 옛날에는 단오가 되면 창포물에 얼굴과 머리를 씻고 푸른 새 옷을 입고 창포비녀를 꽂아 치장을 했어. 이런 치장을 '단오빔'이라고 하는데, 단오빔을 하면 나쁜 귀신이 도망을 가서 여름 동안 더위를 먹지 않고 건강하게 지낼 수 있다고 생각했단다."

"귀신이 뭐예요? 유령 같은 거예요?"

민우는 귀신이란 말을 처음 들은 모양이다. 내가 놀리려고 두 팔을 앞으로 쭉 뻗고 발을 쿵쿵 울리면서 쫓아가자, 민우는 소리를 지르며 도망갔다. 대장 아줌마가 얼른 민우에게 뿌리를 하나 내미셨다.

"이걸 허리에 차. 창포 뿌리를 몸에 지니면 나쁜 귀신이 도망간단다."

민우가 창포 뿌리를 받아 잽싸게 허리띠에 끼웠다. 그때 누나가 또 끼어들었다.

"그런데 단오에는 왜 이렇게 귀신을 쫓는 풍습이 많은 거예요?"

"음력 5월이 양력으로는 6월이잖아. 이때쯤에는 6월 장마라고 해서 덥고 비가 많이 온단다. 날씨가 나빠서 나쁜 병이 생기기 쉬우니까, 미리 병이 오는 걸 막는 풍습이 생겨난 거야. 아줌마가 어릴 때만 해도 창포를 꺾어서 문에 꽂아 두기도 하고, 약쑥을 뜯어서 대문 옆에 걸어 두기도 했어. 쑥으로 만든 호랑이 인형을 문에 걸어 두기도 했지. 그러면 나쁜 기운이 집 안으로 들어오지 못한다고 생각했거든."

대장 아줌마가 친절하게 설명을 해 주셨다. 햇볕 아래 한참 서 있었더니 땀이 줄줄 흘렀다. 뒤에 서 계시던 훈장님께서 얼른 부채를 건네주셨다.

"옛날부터 단오에는 더위를 타지 말고 건강하게 여름을 이기라고 부채를 선물하곤 했지. 특히 임금님은 신하에게 '단오선'이라는 부채를 나누어 주셨단다."

훈장님은 누나와 민우, 아줌마들에게도 일일이 부채를 나누어 주셨다. 아줌마들은 더 늦기 전에 쑥을 캐야 한다며 서둘러 산으로 가셨다. 옛날에는 지금처럼 약이 많지 않아서 쑥과 익모초를 뜯어서 말려 두었다가 약으로 쓰기도 했는데, 단오에 뜯는 것이 약효가 가장 좋다고 생각했단다.

훈장님을 따라 집으로 들어가려는데, 대문 앞에 이상한 종이가 붙어 있었다. 나쁜 귀신을 물리치기 위해 붙인 부적이란다. 옛날 사람들은 귀신을 참 무서워했나 보다.

점심을 먹은 뒤, 훈장님을 따라 마을 공터로 갔다. 커다란 느티나무에 그네가 매여 있었다.

"현미야, 나랑 같이 그네뛰기 하자."

"아줌마, 전 못 해요."

"놀이터에서 그네도 안 타 봤어? 그거랑 똑같아. 몸을 앞뒤로 움직여 가며 발만 구르면 된다니까."

대장 아줌마 말에 용기를 낸 누나가 발판 위로 올라섰다. 대장 아줌마와 누나가 힘을 합쳐 힘차게 발을 구르자, 그네는 높이 날아올랐다.

"조선 시대에는 여자들이 마음대로 바깥나들이를 할 수 없었단다. 그래서 단오에는 집 밖으로 나와 그네를 뛰면서 바깥 구경을 실컷 하곤 했지."

그때 맞은편에서 "와!" 하는 함성 소리가 들렸다. 아저씨들이 모여 씨름을 하고 있었다. 난 얼른 훈장님 손을 잡아끌었다.

"훈장님, 우리 씨름 구경 가요."

훈장님께서 민우를 보고 말씀하셨다.

"씨름은 처음 보지? 씨름은 오랜 옛날부터 전해져 오는 민속놀이란다. 삼국 시대 때는 단오에 꼭 씨름 대회를 열었단다. 우승을 한 사람은 '장사'라고 부르고, 황소를 상으로 주었지."

누나 코를 납작하게 해 주고 싶어서 얼마나 별러 왔던가! 난 손을 번쩍 들고 누나를 불렀다.

"누나! 누나!"

그런데 누나는 대장 아줌마랑 그네를 타느라 내려올 줄 몰랐다. 할 수 없이 민우와 대결하기로 했다. 나는 푸른색 샅바, 민우는 붉은색 샅바를 찼다. 심판 아저씨가 호루라기를 불자 난 잽싸게 민우 다리를 걸었다. 헉, 그런데 넘어가질 않았다. 오히려 내가 당황하고 있는 사이에, 민우가 나를 번쩍 들

어 모래판에 내동댕이쳤다.

주위에 있던 사람들이 신기하다는 듯 "와아!" 박수를 쳤다. 후유, 꼬맹이 민우에게 지다니 온 동네에 망신살이 뻗쳤다.

민우가 신이 나서 누나에게 달려갔다. 어느새 그네에서 내려온 누나는 민우와 손을 잡고 경중경중 뛰었다. 녀석, 겨우 한 번 이긴 걸 가지고 잘난 척하기는……. 얄미워서 민우에게 쏘아붙였다.

"야, 내가 일부러 져 준 거거든."

"에이, 정말? 진짜, 진짜?"

누나가 혀를 날름거렸다.

"못 믿겠거든 덤벼 보든가."

"됐거든. 너, 나한테까지 지면 얼굴도 못 들걸."

"뭐라고?"

내가 팔짝팔짝 뛰면서 누나를 쫓아가자, 훈장님과 아줌마들이 큰 소리로 웃으셨다. 한바탕 놀고 난 뒤 모두 평상에 앉아서 쑥을 넣어 만든 수레바퀴 모양의 수리취떡과 앵두로 만든 화채를 먹었다. 단오에 수리취떡을 먹어야 아프지 않고 여름을 보낼 수 있다고 했다.

"떡은 쫄깃하고, 화채는 달콤하고 시원해. 진짜 맛있다!"

배가 고팠는지 민우와 누나는 정신없이 떡과 화채를 먹었지만 난 도무지 먹을 기분이 아니었다.

"떡보가 왜 떡을 본 척도 안 해?"

누나가 떡을 하나 집어 내 입에 넣어 줬다. 이럴 땐 진짜 내 누나 같다. 난 못 이기는 척 앵두화채도 먹었다. 새콤달콤하면서 시원했다. 단오 무렵에는 앵두가 제철이라 옛날에는 앵두화채를 만들어 음료수처럼 마셨다고 한다. 놀이를 끝낸 아저씨들이 꽹과리를 치면서 마을을 한 바퀴 돌았다. 가면을 쓰고, 춤을 덩실덩실 추는 아줌마와 아저씨도 계셨다.

　어린이날과 단오는 양력과 음력이라는 건 다르지만, 날짜는 같은 5월 5일이다. 그런데 어째 단오가 더 신 나는 것 같다. 어린이날에도 씨름을 하면 안 되나? 그럼 다음번에는 틀림없이 민우랑 누나를 넘겨 버릴 수 있을 텐데. 그렇게 전통 마을에서의 하루가 또 지나갔다. 좀 있으면 지루한 장마가 오겠지? 날이 더우니까 조금 꾀가 난다. 다음 달에는 에어컨 틀어 놓고 집에서만 보내자고 졸라야지. ★

쓰임새 많은 창포

창포는 연못이나 개울가에서 흔히 자라는 풀로, 독특한 향기가 나. 옛날 사람들은 나쁜 귀신이 병을 옮기는 거라고 생각했어. 그래서 창포에서 나는 독특한 향으로 나쁜 귀신을 쫓으려고 한 거야. 사실 창포에는 병을 낫게 하는 성분이 들어 있어 약으로도 쓰이기 때문에, 옛날 사람들 생각이 틀린 것은 아니야.

하나, 단옷날 이른 아침에 창포 잎을 문이나 추녀 끝에 꽂았어. 집 안으로 나쁜 귀신이 들어오지 못하게 막는 거야.

둘, 여자들은 창포를 삶은 물에 머리를 감고 얼굴을 씻었어. 그러면 병에 걸리지 않고, 머리카락에 윤기가 생기고, 숱도 많아지고, 잘 빠지지도 않았지.

셋, 창포 뿌리를 깎아서 비녀를 만들고, '수' 자나 '복' 자를 새긴 다음 귀신이 무서워하는 붉은색을 발랐어.

넷, 남자들은 창포 뿌리를 허리에 차고 다니고, 아이들은 창포 뿌리를 깎아 조그만 인형이나 호로병 모양을 만들어 찼어. 나쁜 귀신이 다가오지 못하게 하려는 거야.

다섯, 창포꽃을 따서 말려 요를 만들어 깔고 자거나 창포 줄기를 엮어 방석으로 썼어. 그러면 모기나 벼룩처럼 물것들도 다가오지 못하고, 나쁜 귀신도 물리친다고 여겼지.

여섯, 창포 뿌리로 담근 술을 마셨어. 그러면 한 해 동안 병에 걸리지 않는다고 믿었거든.

신 나게 놀고 더위도 식히고

음력 6월 | 복날과 유두

식구들과 함께 모여 앉아 복날 음식 정답게 나누어 먹고,
동쪽으로 흐르는 물을 찾아 목욕도 하고 머리도 감아요.

더위를 식히는 날, 복날

드디어 지루한 비가 그쳤다. 음력으로는 6월이지만 양력으로는 벌써 7월, 여름 방학이 시작되는 달이다. 이제는 신 나게 놀 일만 남았는데, 햇볕이 너무 뜨거워서 땀이 줄줄 쏟아진다. 집 안에서 에어컨을 시원하게 틀어 놓고 있으니까, 논과 밭에 자란 풀을 뽑느라 바쁘게 지내실 훈장님 생각이 났다.

할아버지 말씀을 들어 보면 더워서 지치긴 해도 이때쯤이면 보리도 수확하고 밭에서는 수박이랑 참외가 무럭무럭 자라 마음까지 배가 부르다고 하던데……. 히히, 나는 이때쯤이면 아이스크림을 하도 먹어서 배가 부르다. 하루에도 몇 번씩 냉장고 문을 열었다 닫았다 하는 날 보고 누나가 구시렁거렸다. 더운데 그럼 어쩌라고!

텔레비전을 보다가 까무룩 잠이 들었나 보다. 부엌에서 솔솔 맛있는 냄새가 풍겨 와 눈이 딱 떠졌다.

"어, 이건 내가 좋아하는 삼계탕 냄새인데."

삼계탕 먹을 생각을 하니까, 입에 침이 고였다.

"형, 삼계탕이 뭐야?"

민우가 물었다.

"한 번도 안 먹어 봤어? 닭에 인삼과 찹쌀, 대추를 넣어 푹 삶은 거야."

엄마가 여름에 삼계탕 해 주는 날을 뭐라고 했더라? 복날, 맞다 오늘이 복날인가 보다. 할아버지에게 얼른 아는 척을 했다.

"할아버지, 오늘이 복날이죠, 복날?"

"그래. 현욱이가 잘 알고 있구나. 참, 민우는 복날이 처음이지?"

"복날이 뭐예요? 복 받는 날?"

민우가 고개를 갸웃거렸다.

"우리나라는 한 해 가운데 음력 6월과 7월 사이가 가장 덥단다."

"맞아요. 방학을 하지 않았으면 어떻게 학교에 다녔을지 끔찍해요."

내가 고개를 절레절레 흔들자, 민우도 따라 했다.

"그래서 여름 방학을 해서 몸과 마음을 쉬는 거야. 우리 조상들도 마찬가지였단다. 6, 7월 사이를 열흘 간격으로 초복, 중복, 말복으로 정하고, 더위를 이기기 위한 음식을 먹으면서 농사일로 지친 몸을 쉬게 했지. 초복, 중복, 말복을 복날이라 하는데, 셋을 합쳐서 '삼복'이라고 한단다. 삼복은 장마가 끝나고 가장 더울 때라 '삼복더위'라는 말도 생겨났지."

"옛날에는 어떤 음식을 먹었어요?"

"한여름이 되면 땀을 많이 흘려서 몸이 약해지니까 삼계탕이랑 개장국을 먹으면서 영양을 보충했단다. 양반 집안에서는 쇠고기를 얼큰하게 끓인 육개장을 먹기도 하고, 더위를 잊고 나쁜 귀신을 쫓기 위해 붉은팥으로 팥죽을 쑤어 먹는 사람들도 있었단다."

"아, 육개장 먹고 싶다. 육개장도 맛있는데."

내가 입맛을 쩝쩝 다시자, 누나가 눈을 흘겼다.

"개장국이면 혹시 개고기로 끓인 국?"

민우가 이상하다는 듯이 얼굴을 찡그리자 할아버지께서 놀라셨다.

"이런, 민우도 개장국을 먹는 게 이상한 게로구나. 우리나라 사람들이 개장국을 먹게 된 건 환경적인 이유 때문이란다. 우리나라는 옛날부터 농사를 짓고 살았기 때문에 농사를 짓는 데 꼭 필요한 소나, 달걀을 낳아 주는 닭보다는 일꾼으로서의 쓰임이 비교적 적은 개를 먹게 된 거란다."

"그래도 너무 야만적인 것 같아요."

"개장국도 하나의 음식일 뿐이란다. 나라마다 문화가 다른데 문화적인 차이는 생각하지 않고 무조건 야만적이라고 하는 건 옳지 못한 일이지."

민우는 알겠다는 듯 고개를 끄덕였다. 솔직히 나도 그동안 개장국을 먹는 사람은 야만인이라고 생각했는데, 할아버지 말씀을 들으니까 부끄러웠다.

"자, 다 됐다."

식구들이 모두 모여 앉아 삼계탕을 먹었다. 국물이 진하고, 살도 연해서 아주 맛있었다. 할아버지께서 닭 다리 하나를 뜯어 민우 그릇에 얹어 주셨다.

"옜다, 많이 먹고 더위를 잘 견뎌라."

뜨거운 걸 먹으니 땀이 줄줄 쏟아졌다.

"복날이라 그런지 진짜 더워요. 옛날 사람들은 선풍기도 에어컨도 없는데 어떻게 더위를 견뎠어요?"

"계곡이나 물가를 찾아가서 물에 발을 담근 채 참외나 수박 같은 과일도 먹고, 물고기를 잡아서 매운탕도 끓여 먹으면서 하루를 즐겼지. 그걸 '복날 피서'라고 했단다."

"할아버지, 우리도 복날 피서 가요. 네?"

"유둣날 가자꾸나."

야호, 하루 종일 계곡물에서 놀면 정말 시원하겠다. 빨리 유둣날이 왔으면 좋겠다. ★

흐르는 물에 몸 씻는 날, 유두

날이 점점 더워진다. 아무것도 안 하고 가만히 앉아만 있어도 땀이 줄줄 흐른다. 기다리고 기다리던 유둣날! 약속대로 가족 모두 계곡으로 놀러 갔다. 민우랑 나는 약속이라도 한 듯이 물을 보자마자 동시에 풍덩 물속으로 뛰어들었다. 누나는 바위 위에 앉아 발만 살짝 담근 채로 우리가 노는 걸 구경했다.

신 나게 한바탕 물놀이를 하고 났더니 배가 고팠다. 밖으로 나와 엄마가 만드신 동그란 떡이 동동 떠 있는 꿀물을 한 그릇씩 먹었다.

"우아, 정말 맛있다! 이걸 정말 엄마가 만드셨어요?"

"민우도 오고 그래서 엄마가 모처럼 실력 발휘 좀 했지. 호호. 엄마도 처음 만들어 본 거야. 이건 유두에 해 먹던 수단이야. 가래떡을 구슬처럼 잘게 썰어 꿀물에 담그고, 얼음을 넣은 거야."

"할아버지, 유두도 명절이에요? 처음 들어 봐요."

민우가 혀로 입술을 핥으며 말했다.

"오늘이 바로 음력 6월 15일, 6월의 대표적인 명절인 유두란다. 유두가 되면 더위에 지쳐 병이 나기 쉬우니까, 술과 음식을 싸 들고 계곡이나 물가를 찾아가서 하루쯤 쉬다가 왔단다. 요즘 말로 하면 여름휴가를 간 셈이지."

할아버지 말씀이 끝나자, 엄마가 집에서 미리 삶아 온 국수를 한 그릇씩 주셨다.

"배고플 텐데 어서 먹으렴. 이 국수는 올해 처음으로 수확한 햇밀가루로

만든 유두면이야. 조상들은 유둣날 국수를 해 먹어야 여름에 더위를 타지 않는다고 생각했거든."

국수가 조금 불었지만 우리는 배가 고파 국수를 순식간에 뚝딱 해치웠다.

"숙모, 유두면도 정말 맛있어요."

민우 말에 기분이 좋아진 엄마가 어깨를 으쓱거리며 유두면에 대해 설명해 주셨다.

"옛날에 먹던 유두면은 이런 기다란 국수가 아니라 구슬 모양으로 동그랗게 빚어서 끓인 거였단다. 조상들은 나쁜 귀신을 쫓기 위해 유둣날 밀가루를 구슬 모양으로 빚어서 청색, 적색, 황색, 백색, 흑색, 다섯 가지 색으로 물들

여 차고 다니거나 문에 걸어 놓기도 했지."

단오에도 그러더니 우리 조상들은 나쁜 귀신 쫓는 일이 참 중요했던 것 같다.

"배부르게 먹었으면 이리 와서 머리 감아."

엄마가 우리를 한쪽으로 데리고 가셨다.

"물에서 나온 지 얼마 안 됐는데, 또 머리를 감아요?"

"원래 유둣날엔 동쪽으로 흐르는 물에 머리를 감고 몸을 깨끗이 씻는 거야. 그래야 나쁜 일도 생기지 않고, 여름에 더위도 먹지 않거든."

"왜 꼭 동쪽으로 흐르는 물에 씻어야 해요?"

으, 누나의 못 말리는 호기심이 또 발동을 했다.

"우리 조상들은 해가 솟는 동쪽에 밝은 기운이 가득하다고 생각했어. 그래서 동쪽으로 흐르는 물에 몸을 씻어야 나쁜 기운이 물에 씻겨 멀리멀리 사라진다고 믿었지."

머리를 감고 나자, 할아버지께서 계곡물에 담가 놓은 수박을 가지고 오셨다. 아사삭, 냉장고에 넣어 놓는 것보다 훨씬 시원하고 맛났다.

"유두 즈음이면 참외나 수박 같은 과일을 처음으로 수확한단다. 그래서 유둣날엔 햇과일과 국수, 밀전병, 떡을 함께 만들어서 조상님께 제사를 지내곤 했지. 맛있는 과일을 잘 자라게 해 준 것에 감사하고, 밭에 심어 놓은 곡식이 무럭무럭 자라서 풍년이 들게 해 달라고 말이야. 이때 지내는 제사를 '유두천신'이라고 부른단다. 우리나라는 옛날부터 햇과일과 햇곡식을 사람이 먹기 전에 조상님께 먼저 올리곤 했단다. 그걸 새로 난 걸 바친다는 뜻으로 '천신'이라고 하지."

"그럼 추석 때 햅쌀로 차례를 지내는 것도 천신이겠네요?"

누나가 또 나섰다.

"그렇지. 추수가 끝난 뒤 조상들을 위해 새로 수확한 쌀을 갈아서 담아 놓는 것도 모두 천신이란다. 농촌에서는 논과 밭에서 '용신제' 또는 '밭제'를 지냈단다. 유둣날 지낸다고 해서 '유두제'라고도 불렀지. 우리 조상들은 농사를 잘되게 해 주는 신이 따로 있다고 믿었어. 그래서 제사가 끝나면 논과 밭에 음식을 묻고 풍년이 들게 해 달라고 빌었단다."

"제사 이야기를 하니까, 갑자기 전이 먹고 싶어요. 따끈따끈한 호박전."

내가 침을 꼴깍 삼키자, 누나가 눈을 흘겼다.

"으휴, 누가 돼지 아니랄까 봐. 수단, 유두면, 수박까지 먹었으면서 또 먹는 거 타령이니?"

"경상도 지방에서는 농신제를 지낼 때 현욱이가 좋아하는 호박전을 부쳤지. 그런데 그게 다 이유가 있단다. 기름 냄새가 해충을 쫓아 농사에 도움이 된다고 생각했거든. 천신을 지낸 뒤 국수나 수제비를 밭에 뿌리기도 했는데, 국수를 수박 밭고랑에 뿌리면 수박 줄기가 국수처럼 쭉쭉 뻗어 나가고, 수제비를 참외밭에 뿌려 두면 참외가 주렁주렁 열린다고 생각했기 때문이란다."

"와, 모든 게 농사가 잘되기를 바라는 마음과 관련이 있네요."

그때 갑자기 비가 오려는지 우르릉 쾅쾅 천둥소리가 들렸다. 민우가 깜짝 놀라 내 등 뒤로 숨었다.

"유두 할아버지가 우시는구나."

"유두 할아버지요? 아무도 없는데요."

내가 이상하다는 듯이 말하자, 할아버지께서 껄껄 웃으셨다.

"유두에 천둥소리 나는 걸 '유두 할아버지 운다.'고 한단다. 옛날 사람들은 천둥소리가 비를 몰고 온다고 생각했지. 그래서 유두에 천둥소리가 나면 농사가 잘된다고 믿었단다. 유두에 비가 와야 농사가 잘된다고 생각해서 유두 비를 기다리기도 했지. 그런데 지역에 따라 풍속이 조금씩 달라서, 충남 부여에서는 비가 오면 오히려 농사를 망친다고 생각했단다."

"아버님, 오늘 모처럼 유두를 아주 제대로 보낸 것 같아요."

"맞아요. 바캉스, 여름휴가라는 말 대신에 이제부터 '유두연'이라는 말을 쓰면 어떨까요? 여름에 계곡이나 물가를 찾아가는 걸 유두연이라고 한다면서요."

"그래, 바로 그거야! 현욱아, 그렇게 즐기면서 하나하나 세시 풍속과 가까워지는 거란다."

할아버지께서 기분이 좋은지 껄껄 웃으셨다.

한여름에 얼음 구하기

음력 6월은 한 해 가운데 가장 덥고 큰비가 자주 내려. 그래서 음식이 금방 상해 '썩은 달'이라고도 했대. 그럼 냉장고가 없던 먼 옛날에는 음식을 어떻게 보관했을까?

우리나라에는 삼국 시대 전부터 얼음 창고가 있었대. 물론 옛날에 쓰던 얼음 창고는 냉장고처럼 얼음을 얼릴 수는 없고, 얼음을 녹지 않게 오랫동안 보관하는 역할만 했어.

얼음은 한겨울에 강물이 두껍게 얼었을 때 잘라 내어 얼음 창고에 차곡차곡 쌓아 놓았다가 여름이 되면 꺼내 사용했지. 그런데 한겨울에 얼음을 자르는 것은 몹시 어려웠어. 빙판에 넘어져 다치거나 동상에 걸리기도 쉬웠거든. 그래서 겨울만 되면 얼음 캐는 일을 피하기 위해 도망가는 사람도 있었대.

이렇게 얼음을 캐고, 보관하는 데는 많은 사람의 힘과 노력이 필요했기 때문에 모든 사람이 쓸 만큼 많은 얼음을 보관할 수는 없었어. 조선 시대에는 제사를 지낼 음식을 신선하게 보관하는 데 얼음이 가장 많이 쓰였고, 왕실과 높은 벼슬아치, 물건을 상하지 않게 보관해야 하는 상인, 환자나 죄수처럼 건강에 문제가 있는 특별한 사람들만 얼음을 쓸 수 있었어. 그래서 대부분의 사람들에게 얼음은 탐나는 물건이었어.

특히 조선 시대에는 음력 6월이 되면 높은 벼슬아치들에게 특별한 혜택으로 '빙표'를 나누어 주었어. 빙표는 얼음 창고에 가서 얼음을 받을 수 있는 나무패야.

옷도 말리고 호미도 씻고

•음력 7월 | 칠석과 백중•

시루떡과 햇과일 한 상 차려서 칠성님께 제사도 드리고,
견우직녀 만나는 칠석날 은하수엔 웃음꽃이 피어나네요!

견우와 직녀가 만나는 날, 칠석

8월, 음력으로는 7월이다. 맑은 날씨가 며칠째 계속되고 있다. 더위는 조금 누그러졌다. 몇 번 다녀가서인지 이제는 훈장님 댁이 우리 집처럼 편안하다. 방문 앞에서 누나가 날 부르는 소리에 잠이 깼다. 졸리기도 하고 아직 밖도 깜깜한데, 누나는 자꾸만 밖으로 나오라고 재촉을 했다.

민우랑 같이 세수를 하고 뒤뜰로 나가자, 장독대에 상이 차려져 있었다. 우물에서 길어 왔다는 깨끗한 물, 김이 모락모락 나는 시루떡과 밀전병, 사과와 배가 놓여 있었다. 대장 아줌마가 두 손을 모아 절을 하셨다.

"칠성님, 남은 한 해도 우리 식구들 아프지 않게 지켜 주세요. 현미랑 현욱이, 민우도 건강하도록 도와주세요."

음력 2월 초하룻날 영등할망이 내려온다고 했을 때도 이렇게 기도를 했는데 오늘은 왜 기도를 하지? 대장 아줌마가 오늘이 바로 음력 7월 7일, 칠석이라고 알려 주셨다. 칠석에는 대장 아줌마처럼 여자들이 칠성신인 북두칠성을 보며 집안에 나쁜 일이 생기지 않고, 식구들도 아프지 않게 해 달라고 빌었단다. 북두칠성이 보고 싶어 하늘을 올려다보았지만 별들이 잘 안 보였다.

민우가 쪼르르 대장 아줌마에게 다가갔다.

"아줌마, 나도 빌면 안 돼요?"

"안 되긴. 자, 해 보렴."

아줌마가 자리를 비켜 주자, 민우가 넙죽 절을 올렸다.
"미국에 있는 우리 엄마, 아빠 건강하고 행복하게 해 주세요!"
나도 넙죽 따라 했다.
"할아버지, 아빠, 엄마. 우리 가족도 건강하게 지켜 주세요!"
대장 아줌마는 기도가 끝나자 밀전병을 먹으라며 주셨다. 엄마가 자주 해 주시는 부침개랑 비슷했다. 칠석 무렵에 햇밀을 수확하기 때문에 칠석날에는 꼭 밀전병을 먹었다고 한다. 너무 일찍 일어나서인지 계속 졸렸다. 우리는 다시 방에 들어오자마자 잠이 들었고, 깨어나 보니 벌써 대낮이 되어 있었다. 그런데 이상하게 마당에 이불과 옷, 책이 그득 널려 있었다.
"훈장님, 이사 가세요? 왜 짐을 다 꺼내셨어요?"
깜짝 놀란 누나가 호들갑을 떨며 훈장님께 물었다.

"여름 장마철 동안 눅눅했던 옷과 책을 꺼내 햇볕에 말리는 '쇄서폭의'를 하는 중이란다."

"쇄서폭의요? 그걸 왜 하는데요?"

"그래야 벌레가 먹거나 상하지 않거든. 칠석날은 장마가 끝난 다음이라, 쇄서폭의를 하기 좋단다. 그래서 옛날부터 칠석날 비가 오지 않으면 쇄서폭의를 했지."

훈장님께서 멀리 떠나기라도 할까 봐 걱정스러운 표정이던 누나가 다행이라는 듯 웃었다. 우리는 훈장님을 도와 옷과 책을 햇볕이 잘 드는 곳에 펼쳐 놓았다가 뽀송뽀송해지자 다시 제자리에 넣어 놓았다.

저녁을 먹고 난 뒤, 시원한 마루에 모여 앉아 과일을 먹었다.

"민우야, 오늘이 견우와 직녀가 만나는 날이라는 걸 알고 있니?"

"아니요. 견우와 직녀 이야기해 주세요!"

민우가 호들갑을 떨자, 대장 아줌마가 이야기를 시작하셨다.

"견우는 하늘 나라에서 소를 치는 목동이고, 직녀는 옥황상제 손녀인데 베를 짜는 일을 했어. 두 사람은 옥황상제와 하늘 나라 사람들의 축복을 받

으며 결혼을 했지. 그런데 서로를 너무 사랑해서 잠시도 떨어져 있으려고 하지 않았어. 그러다 보니 일은 하지 않고, 산으로 들로 놀러만 다녔지."

"저런, 옥상황제님이 화가 많이 났겠네요?"

"그럼. 소들은 제멋대로 돌아다니고, 하늘 나라 사람들은 베가 없어서 옷을 만들어 입을 수도 없었거든. 몹시 화가 난 옥황상제는 둘을 떨어뜨려 놓았어. 견우는 은하수 동쪽으로 보내서 소를 치게 하고, 직녀는 은하수 서쪽으로 보내서 베를 짜게 한 거야."

"그럼 만날 수가 없잖아요. 어떡해, 어떡해."

이야기에 빠져든 누나가 안타깝다는 듯이 말했다.

"옥황상제는 서로 보고 싶어 하는 견우직녀를 해마다 딱 하루, 음력 7월 7일, 칠석날만 만나도록 허락했어. 칠석날이 되자 둘은 한달음에 은하수 강가로 달려갔어. 하지만 배가 없어서 강을 건널 수가 없었지. 견우와 직녀가

서로 마주 보고 눈물만 흘리자, 이를 안타깝게 여긴 까마귀와 까치가 날아와 다리를 놓아 주었어. 그 다리를 한자로 까마귀 오(烏), 까치 작(鵲) 자를 써서, '오작교'라고 한단다. 그 뒤부터 칠석날만 되면 까마귀와 까치는 모두 하늘 나라에 올라가 다리를 놓지. 그래서 칠석 다음 날에는 까마귀와 까치 머리가 홀딱 벗겨져 있다고들 해. 견우와 직녀가 밟고 지나가서 벗겨졌다고 생각했지."

"히히, 내일 까치 머리를 확인해 봐야겠어요."

"조용히 해, 최현욱. 그럼 오늘 견우직녀는 만났어요? 못 만났어요?"

역시 누나는 사랑 얘기에 약하다니까.

"잠깐, 하늘 좀 보고. 아직 비가 안 오는 걸 보니, 못 만난 모양이네. 견우와 직녀가 만나서 흘리는 눈물이 바로 칠석날 밤에 비가 되어 내리거든."

바로 그때 거짓말처럼 후두둑 빗방울이 떨어졌다. ★

머슴이 쉬는 날, 백중

방학이 거의 끝나 갈 때까지 우리는 훈장님 댁에서 지냈다. 훈장님께서 백중까지 지내고 가라고 하셨기 때문이다. 아침 일찍 일어나 한문 공부도 더 하고, 마을도 구석구석 둘러보았다. 날씨가 조금 더 선선해지자 초록색이던 논밭이 조금씩 노랗게 변해 갔다. 훈장님께서 점심을 먹고 낮잠을 자고 있는 우리를 깨우셨다.

"오늘이 음력 7월 15일, 백중이란다. 마을에서 무슨 일이 벌어지는지 슬슬 구경 가 볼까?"

우리는 훈장님을 따라 밖으로 나왔다. 우물가에서 아저씨 한 분이 호미를 씻고 계셨다. 밭에서 쓰면 또 흙투성이가 될 텐데 왜 호미를 물로 씻지? 내가 갸우뚱해하자 훈장님께서 알려 주셨다.

"백중 무렵이면 논밭의 잡초를 뽑는 김매기가 모두 끝나고 수확할 일만 남으니까 더 이상 호미를 쓸 일이 없단다. 그래서 호미를 씻는 거야."

그때 마을 입구에서 농악 소리가 들렸다. 아저씨들이 북과 징, 꽹과리를 치면서 마을을 돌고 계셨다.

"저기 좀 보세요! 천하장사예요! 소를 타고 가고 있어요."

민우가 커다란 소를 가리키며 소리를 지르자 훈장님께서 껄껄 웃으셨다.

"천하장사가 아니라, 우리 마을에서 농사를 가장 잘 지은 일꾼이란다. 농사짓느라 고생했다고, 농사를 잘 지어 줘서 고맙다고 인사를 하는 거란다."

아저씨들은 신 나게 풍물놀이를 하며 우리 곁을 지나 어디론가 사라졌다.

"백중은 바쁜 농사일이 끝나고 추수를 앞둔 때란다. 잠시 농사일을 쉴 수 있는 때이기도 하지. 원래 백중은 여름 내내 힘들게 일했던 머슴들이 마음 놓고 편히 쉴 수 있는 날이란다. 그래서 '머슴날'이라고도 하지. 그러니 오늘은 머슴들이 주인공이야."

"어? 머슴날은 음력 2월에도 있었잖아요."

민우가 고개를 갸웃거렸다.

"용케 기억을 하는구나. 맞아, 음력 2월 1일도 머슴날이었어. 그날은 잔치 구경을 했지?"

"네. 그런데 왜 오늘은 잔치를 안 해요?"

"음력 2월 1일이 농사를 시작하기 전에 일꾼들의 기운을 북돋아 주기 위한 날이라면, 백중은 봄부터 여름까지 힘들게 농사를 지은 머슴들에게 하루

쉬라고 휴가를 주는 날이란다. 머슴들은 백중에는 술과 음식을 싸들고 개울가로 가서 잔치를 벌였단다. 아마 아까 그 사람들도 개울가에 모여 맘껏 먹고 편하게 쉬며 놀 거야."

"그럼 아까 그 아저씨들이 머슴이에요?"

"아니, 요즘은 머슴이 없어졌으니 진짜 머슴은 아니고 농사일을 하는 일꾼들이란다. 옛날처럼 한판 놀아 보는 거지."

"일꾼을 쉬게 해 주고, 잔치까지 열어 주는 걸 보니 옛날 주인들은 착했나 봐요."

누나가 묻자 훈장님께서 빙그레 웃으셨다.

"일꾼이 없으면 농사를 어떻게 지었겠니? 우리 조상들은 정이 많아 이웃과 나누는 걸 좋아했단다. 일꾼도 한 식구처럼 생각했지. 백중에는 장에 가서

하루 신 나게 놀다 오라고 머슴들에게 용돈을 주는 주인도 있었단다."

훈장님께서 알려 주신 개울가로 가 보니 정말 아저씨들이 신 나게 놀고 계셨다. 우리는 아저씨들 틈에 끼어 맛있는 음식도 얻어먹고, 풍물도 구경하고 돌아왔다.

"훈장님, 시간이 참 빠른 것 같아요."

"맞아요. 벌써 한 해 농사가 끝나 가다니! 이제 우리가 즐길 수 있는 세시 풍속도 얼마 안 남았어요."

누나가 아쉽다는 듯 말했다. 참, 다음 달에는 음력 8월, 큰 명절인 추석이 있다. 추석이라면 나도 알 만큼은 안다. 누나가 아무리 잘난 체를 해도 이번에는 절대로 지지 않을 자신이 있다. 민우야, 두고 봐! 이 형이 추석날 뭔가 보여 줄게! ★

직녀는 바느질의 신

음력 7월, 한여름의 밤하늘을 올려다보면 밝게 빛나는 직녀성을 볼 수 있어. 직녀는 '베를 짜는 여자'라는 뜻인데, 옛사람들은 직녀가 바느질을 관장하는 신이라고 생각했대. 옛날에는 직접 옷을 만들어 입어야 했기 때문에 옷감을 짜거나 바느질하는 게 중요했지. 그래서 칠석날 새벽이나 밤이면 여자들은 직녀성을 보며 길쌈과 바느질 솜씨가 좋아지기를 빌었어. 이걸 '걸교'라고 해.

이때 결혼한 여자들은 마당에 바느질감과 참외, 오이 같은 과일이나 채소로 상을 차려 놓고 빈 다음, 상 위에 거미줄이 쳐져 있으면 직녀가 소원을 들어준 것이라 여겼대.

또 처녀들은 장독대 위에다 이른 새벽에 길은 우물물인 '정화수'를 떠 놓고, 그 위에 고운 재를 평평하게 담은 쟁반을 올려놓은 뒤, 직녀성에게 바느질 솜씨가 좋게 해 달라고 빌었어. 다음 날 아침 재 위에 무언가 흔적이 있으면 기도가 이루어져 바느질을 잘하게 된다고 믿었지.

더도 말고 덜도 말고 한가위처럼

음력 8월 | 추석

햇과일과 송편을 배불리 먹고 조상님께 성묘도 가고,
언덕 위에 달이 뜨면 모두 모여 노래 부르며 강강술래해요!

보름달 보며 감사하는 날, 추석

바람이 살랑살랑 분다. 이제 제법 가을 냄새가 난다. 전통 마을은 한 해 동안 농사지은 곡식을 수확하느라 정신없겠지? 곧 음력 8월 15일 추석이다. 난 민우에게 추석을 알려 주기 위해 인터넷에서 조사한 내용을 수첩에 적어 놓고 잊어버리지 않도록 몇 번이나 읽었다. 이번에야말로 친척들 앞에서 누나 코를 납작하게 해 줄 거다. 어디 그뿐인가! 추석에는 내가 좋아하는 송편이랑 식혜, 약밥까지 먹을 것도 많다.

내일이면 드디어 추석이다. 작은아버지 식구들까지 모여서 집 안이 북적북적했다. 저녁을 먹고 온 가족이 모여 앉아 송편을 빚었다. 반죽을 조금 떼어 동그랗게 만든 다음, 구멍을 파서 콩이나 깨, 밤을 넣었다.

"엄마, 어때요? 잘 만들었지요?"

누나가 송편을 들어 보이며 말했다.

"송편을 예쁘게 빚으면 예쁜 딸을 낳는다던데. 현미는 이다음에 예쁜 딸 얻겠네."

작은어머니 칭찬에 누나 입이 활짝 벌어졌다. 난 아무리 따라 해 보려고 해도, 잘 안된다. 그럼 아들만 낳지 뭐.

추석날 아침이 되자 엄마는 정성껏 빚은 송편과 토란국, 햅쌀밥과 술, 햇과일로 차례 상을 차리셨다. 민우랑 누나, 나도 한복으로 갈아입고, 어른들과 같이 차례를 지냈다. 차례가 끝나자 거실에 모두 둘러앉아 아침을 먹었다. 솔잎을 깔고 쪄낸 송편도 먹고, 햅쌀로 지은 밥과 토란국도 먹었다. 갖가지 나물과 전도 배불리 먹었다. 민우는 어제 자기가 만든 울퉁불퉁한 송편만 골라 먹었다. 배가 맹꽁이처럼 볼록한데도, 자꾸 집어 먹었다.

"민우야, 그러다 탈 난다. 좀 쉬었다 먹어."

보다 못한 엄마가 말리자, 민우는 빙그레 웃었다.

"미국에 있을 때는 엄마랑 아빠랑 모두 모여도 세 명밖에 안 됐는데, 가족들이 많으니까 정말 좋아요."

참 이상한 녀석이다. 난 사람들이 많으면 시끄럽고 답답해서 자꾸 짜증이 나는데, 사람들이 많은 게 좋다니…….

"할아버지도 오랜만에 이렇게 식구가 다 모이니까 참 좋구나. '더도 덜도 말고 한가위만 같아라.'라고 하더니,

오늘만큼만 행복했으면 좋겠다."

드디어 기다리던 말이 나왔다. 내가 나설 절호의 기회다.

"민우야, 추석 때가 되면 한 해 농사를 마치고 햇곡식과 햇과일을 거두어들이거든. 또 이때쯤이면 날씨가 덥지도 않고 춥지도 않아서 놀기도 딱 좋아. 그래서 한가위처럼만 먹을 게 풍성하고 날씨도 좋았으면 하는 뜻에서 '더도 덜도 말고 한가위만 같아라.'라는 말이 생겨난 거야. 추석을 우리 민족 최대 명절로 생각하는 것도 그 때문인 거지."

내 말이 끝나자 식구들 눈이 동그래졌다. 신이 난 나는 바로 이어서 계속 설명했다.

"참, 넌 추석이 무슨 뜻인지 모르지? 추석은 말이야……."

그 틈을 타서 누나가 얌체같이 끼어들었다.

"훈장님한테 한문도 배웠는데, 민우가 그것도 모를까 봐. 가을 추(秋), 저녁 석(夕), '가을 저녁'이란 뜻이잖아."

"그럼 추석의 다른 말인 한가위는 어떻게 생겨났는지 알아?"

누나가 머뭇거리자, 내가 으스대며 말했다.

"한가위는 삼국 시대 때 있었던 베 짜기 대회에서 생겨난 말이야. 신라 세 번째 왕인 유리왕은 마을 여자들을 두 편으로 갈라 베를 짜게 했어. 베 짜기 대회는 음력 7월 15일 백중날에 시작해서 음력 8월 15일이 되어서야 끝이 났지. 마지막 날이 되면 진 편이 술과 음식을 마련해서 이긴 편을 대접하면서 밤새 춤과 노래를 부르며 함께 놀았어. 그걸 '가배'라고 하는데, 가배라는 말이 변해서 '가위'가 되고, 거기에 '크다'라는 뜻을 가진 '한' 자가 붙어 '한가위'가 된 거야. 추석, 중추절, 가위, 한가위, 가배가 다 같은 말인 거지."

누나 눈은 아까보다 더 커져 왕방울만 했다. 민우는 나를 향해 엄지손가락을 높이 들었다. 할아버지께서 껄껄 웃으시면서 언제 그렇게까지 공부를 했냐며, 전통 마을에 보내기를 잘했다고 칭찬하셨다.

샘이 난 누나가 날 보며 입을 비쭉거렸다.

"너 어제 그거 외우느라고 잠도 못 잤지?"

"맞아요. 형, 어젯밤 늦게까지 불을 켜 놨어요."

눈치 없는 민우 녀석이 대답하는 바람에 모두 까르르 웃었다.

아침을 먹고 할아버지를 따라 온 가족이 성묘를 갔다. 조상님께 햇과일과 떡, 술을 차려 놓고 절도 했다. 달마다 있는 세시 풍속 때는 조상님께 풍년을 비는 일이 많았는데, 이젠 수확이 다 끝났으니 무엇을 빌어야 하지? 그런 생각을 하다가 민우를 슬쩍 봤더니 엄마, 아빠가 보고 싶은지 민우 눈에 눈물이 그렁그렁했다. 모두가 부모님을 만나러 가는 추석인데, 민우는 엄마, 아빠랑 이렇게 멀리 떨어져 있으니 많이 보고 싶은가 보다.

난 얼른 민우 손을 꼭 잡았다. 사실 그동안 동생이 있는 친구들이 참 부러웠는데, 이젠 민우가 꼭 내 친동생 같다.

저녁이 되자 할아버지랑 아파트 뒤에 있는 공원으로 산책을 나갔다. 할아버지께서 하늘을 가리키면서 말씀하셨다.

"저기 좀 봐라. 보름달이 아주 크게 떴구나! 전통 마을에서는 지금쯤 강강술래랑 줄다리기를 하며 신명 나게 놀겠구나."

"강강술래는 임진왜란 때 유명해졌다면서요?"

누나가 나섰다.

"그래. 강강술래는 원래 하늘에 제사를 지낼 때 했던 놀이인데, 유명해진 건 임진왜란 때란다. 이순신 장군이 전라도 해남을 지키고 있을 때였지. 적군이 쳐들어온다는 보고를 받자, 이순신 장군은 눈앞이 깜깜했어. 우리 수군은 배도 몇 척 되지 않고, 병사들도 그리 많지 않았거든. 장군은 마을 여자들에게 날이 어두워지면 남자 옷을 입고 산 위로 모이라고 했단다. 여자들이 다 모이자 장군은 빙글빙글 크게 원을

그리며 돌라고 시켰지. 멀리서 배를 몰고 쳐들어오던 왜군은 산 위에서 춤을 추는 사람들이 모두 병사인 줄 알고 깜짝 놀라 도망을 쳤지. 이때부터 사람들은 적군을 물리친 것을 기념하기 위해서 달 밝은 추석이면 '강강술래' 놀이를 하곤 했단다."

"할아버지, 우리도 강강술래 해요!"

난 얼른 할아버지와 민우 손을 잡았다. 민우도 누나 손을 잡았다. 그러자 금방 작은 원이 만들어졌다.

"뛰어 보세. 뛰어 보세."

할아버지께서 먼저 노래를 부르셨고, 이어 우리는 후렴을 불렀다.
"강강술래, 강강술래."
옆에 있던 꼬마가 자기도 하고 싶다며 칭얼거리자 민우가 꼬마를 데려왔다. 그러자 그 꼬마의 아빠도 같이 왔다. 노래가 점점 빨라지자 춤도 점점 빨라졌다. 산책하던 사람들이 하나, 둘 끼어들었다. 어느새 원이 커다래졌다.
"윽신윽신 뛰어 보세."
"강강술래, 강강술래."
전통 마을에 못 가서 쪼끔 서운했는데, 이젠 괜찮다. 오늘 강강술래를 했던 것처럼 언제 어디서든 모두 함께 즐길 수 있는 게 우리 놀이이고, 세시 풍속인 것 같다. 민우도 기분이 좋아졌는지 보름달처럼 활짝 웃었다.
"할아버지, 같이 노래를 하고 춤을 추니까, 처음 보는 사람하고도 금세 친해지는 것 같아요."
누나가 꼬마의 볼을 만지며 말했다.
"그래서 우리 풍속이 좋은 거란다. 모두를 하나가 되게 하거든."
아, 맞다! 그래서 가을 운동회 때 강강술래나 줄다리기를 하나 보다. 운동회 때 줄다리기를 하면서는 그 힘든 걸 왜 하나 싶었는데……. 다음 운동회 때는 더 재미있게 할 수 있을 것 같다.
다음 달에는 할아버지와 같이 전통 마을에 가기로 했다. 단풍이 곱게 물들 때라 가을 소풍을 가기로 한 것이다. ★

추석에는 무슨 놀이를 했을까?

우리 조상들은 명절에 여러 놀이를 통해 하나가 되곤 했대. 우리 민속놀이에는 한 해 농사가 잘되기를 바라는 마음이 담겨 있어. 우리 조상들은 승패보다는 놀이를 준비하고 즐기는 과정을 통해서 협동심과 마을을 사랑하는 마음을 키워 나갔지. 추석에는 강강술래, 거북놀이, 소놀이, 줄다리기, 씨름 등을 주로 했어.

- 줄다리기는 협동심을 기르는 놀이야. 마을 사람들이 한데 모여 새끼를 꼬아 줄을 만든 다음, 편을 나누어 줄을 잡아당겨서 이긴 편은 풍년이 들고, 진 편은 흉년이 든다고 생각했어.

- 강강술래는 추석날 밤에 마을 여자들이 공터에 모여 서로의 손을 붙잡고 둥글게 원을 그리며 빙빙 돌면서 춤추고 노래 부르며 흥겹게 노는 놀이야.

- 남자들이 했던 씨름은 단오나 백중, 한가위에 많이 했어. 이긴 사람은 '장사'라고 부르고, 상으로 황소나 광목, 쌀을 주었지.

- 거북놀이는 수숫대로 거북 모양을 만들어 쓰고 집집마다 돌아다니며 음식을 얻어먹는 놀이야. 거북처럼 병에 걸리지 않고 오래 살고 싶다는 마음이 담겨 있어.

- 소놀이는 멍석으로 소 모양을 만들어 쓰고 마을을 돌면서 음식을 얻어먹고 노는 거야. 한 해 동안 농사일을 도와준 소에게 고마움을 표시하고, 일꾼들에게 보답하는 뜻이 담겨 있어.

단풍놀이도 하고
국화차도 마시고

음력 9월 | 중양절

식구들과 손잡고 산에 올라가 울긋불긋 단풍도 구경하고,
찹쌀 반죽 빚어서 전도 만들고, 노란 국화 넣어서 술도 빚어요!

같은 숫자가 만나 더욱 좋은 날, 중양절

가을 운동회가 끝나니까 단풍이 점점 더 짙어진다. 할아버지께서는 훈장님을 만나러 갈 생각에 아침부터 바쁘셨다. 엄마는 훈장님께서 좋아하신다는 인삼주와 곶감을 챙겨 주셨다. 훈장님께서 마을 어귀까지 마중을 나와 계셨다. 할아버지와 훈장님은 우리가 처음 이곳을 찾았을 때처럼 반갑게 얼싸안으셨다.

    추수를 끝낸 마을 풍경을 보자 처음 이곳을 찾았을 때가 생각났다. 그땐 정말 모르는 것투성이였다. 그 뒤로 다 함께 세시 풍속을 즐기다 보니 세시 풍속이 어려운 게 아니라는 생각도 들고, 나름 재미있었다. 처음에는 할아버지 때문에 억지로 왔는데, 이젠 전통 마을에 정도 많이 들었다. 무엇보다 민우랑 우리 풍속을 함께 즐길 수 있어서 좋았다.

훈장님이랑 할아버지랑 같이 산에 올랐다. 울긋불긋 크레파스로 색칠을 해 놓은 것처럼 아름다운 단풍을 보고 있으니, 훈장님과 민우와 헤어질 날도 멀지 않았다는 게 실감이 났다. 갑자기 코끝이 시큰해졌다. 누나는 이런 내 마음도 모르고 오늘이 중양절이고, 중양절이 되면 조상들도 단풍놀이를 갔다고 또 잘난 척을 했다. 쳇, 인터넷에서 찾아본 거면서 누가 모를 줄 알고?

"현미 말대로 오늘이 바로 음력 9월 9일, 중양절이란다. 숫자 9가 두 번 겹쳤다고 해서 '중구'라고도 부르지. 우리 조상들은 홀수를 양수라고 부르고, 양수에는 행운이 깃들어 있다고 믿었단다. 양수가 두 개 겹친 중양절은 특별히 행운이 아주 많은 날이란다. 양수가 두 개 겹친 명절이 또 뭐더라?"

"음력 1월 1일 설날, 3월 3일 삼짇날, 5월 5일 단오, 7월 7일 칠석이요!"

"현미가 그동안 공부한 걸 아주 잘 기억하고 있구나."

"히히, 그럼요. 제가 누군데요."

아, 저 끊임없는 잘난 척을 누가 말릴까.

평평한 곳에 이르자 훈장님께서 가지고 온 보따리를 푸셨다. 잔에 바짝 마른 국화꽃을 넣은 다음 뜨거운 물을 붓자, 꽃이 벌어지면서 향긋한 냄새가 풍겼다. 지난해에 훈장님께서 직접 따서 말려 놓은 국화꽃으로 국화차를 만들어 주셨다. 대장 아줌마가 국화 꽃잎으로 만들어 주신 화전도 있었다. 국화 화전은 향긋하고 달콤하고, 정말 맛있었다. 조상들도 중양절에 이렇게 국화로 만든 음식을 싸 가지고 산과 계곡으로 단풍놀이를 왔단다.

"왜 중양절에는 국화로 만든 음식을 먹었어요?"

"가을이라 국화가 많이 나기도 하지만, 여기에도 이야기가 숨어 있단다."
"해 주세요! 빨리요!"
역시 누나는 이야기라면 정신을 못 차린다.
"옛날 중국에서 앞날을 내다보는 재주를 가진 장방이라는 사람이 살고 있었단다. 어느 날 장방은 환경이라는 사람을 찾아가 다짜고짜로 음력 9월 9일이 되면 마을에 큰 재앙이 닥칠 테니, 식구들을 모두 데리고 높은 산으로 올라가라고 했단다. 산에 올라가면 꼭 국화주를 마시고, 해가 지기 전까지는 절대로 마을에 내려오지 말라고 신신당부를 했지.
환경은 장방이 갖고 있는 능력을 잘 알고 있었던 터라 새벽이 되자마자 식구들을 깨워서 산으로 갔단다. 산꼭대기에 올라가 국화주도 한 잔씩 나누어 먹고, 단풍놀이도 실컷 하고 해가 진 뒤에야 식구들을 데리고 집으로 돌아왔지. 그런데 글쎄······."
"왜요? 무슨 일이 있었는데요?"
"장방 말이 딱 들어맞았단다. 마을이 온통 난리였지. 소와 돼지, 닭 같은 가축은 물론 마을 사람들이 모두 죽어 있었단다. 환경네 가족만 장방 덕분에 살아남은 거지. 그래서 사람들은 그 뒤로 음력 9월 9일, 중양절만 되면 산에

올라가 국화주를 마시곤 했단다. 그 풍습이 우리나라에까지 전해진 거야."

민우가 얼른 국화전을 하나 집어 먹었다. 재앙을 모두 물리치기라도 하듯이 씩씩하게. 훈장님과 할아버지는 국화주를 서로 주거니 받거니 웃음이 멈추질 않았다.

"국화주 향기가 참 좋네. 자네랑 나란히 앉아 국화주를 마시니 신선이 된 것 같으이."

"그러게 말일세."

"참, 아이들이 학교에 체험 학습 신청을 하고 왔으니 이삼일 더 묵으면서 바쁜 일손 좀 거들까 하네."

"그럴 텐가? 고맙네. 원래 중양절이 글 읽는 선비나 국화주를 마시면서 하루를 즐기지, 농사꾼이야 늦게 거둬들이는 곡식이 있어서 여전히 바쁠 때가 아닌가. 지금 다들 일하느라 정신이 없다네."

"그럴 테지. 남자들은 추수를 마무리하고, 여자들은 고구마를 거두고, 콩이나 팥 같은 곡식도 수확해야 하니 할 일이 좀 많겠나."

다음 날 아침 일찍 훈장님네 고구마 밭으로 갔다. 대장 아줌마와 동네 사람들이 모두 모여서 고구마를 캐고 계셨다. 우리도 호미로 흙을 파헤치며 고구마를 캤다. 민우는 통통한 고구마가 나올 때마다 "원더풀! 원더풀!" 하고 외쳤다. 참, 고구마를 다 캐면 우리가 마지막 호미씻기를 해야 되나?

저녁을 먹고 나서 아궁이에 고구마를 구워 먹었다. 우리가 직접 캐서 그런지, 아주 달았다. 따뜻한 온돌방 안에 있으니 배도 부르고, 몸이 노곤해지면서 잠이 쏟아졌다.

"에구구. 현욱아, 어깨 좀 주물러라! 오랜만에 일을 했더니 힘들구나."

할아버지께서 어깨를 가리키자, 훈장님께서 껄껄 웃으셨다.

"허허, 자네 엄살은 여전하구먼. 오늘은 현욱이가 효도 좀 해라."

"그럼 난 훈장님께 효도해야지!"

민우는 얼른 훈장님 어깨를 두드리고, 누나는 할아버지 다리를 주물렀다. 겨울 준비가 시작되는 다음 달에는 드디어 김장을 담근단다. 귀뚜라미도 즐거운지 귀뚤귀뚤 노래를 멈추지 않았다. ★

중양절은 가을 소풍 가는 날

중양절은 중국에서 시작되어 신라 시대 때 우리나라에 전해진 명절이야. 중국 사람들은 숫자 '9'를 하늘과 임금을 상징하는 수라고 생각했대. 그래서 숫자 9가 두 번이나 겹치는 음력 9월 9일을 아주 신성한 날이라고 생각했지.

우리나라에서도 중양절을 중요한 명절로 생각했어. 조선 시대에는 나라에서 늙은 신하들을 위한 '기로연'이라는 잔치를 열기도 하고, 특별히 과거 시험을 치르기도 했어. 또한 수확을 마친 햇곡식으로 제사를 지내기도 했지.

중양절에는 높은 산에 올라가 단풍을 보면서 시를 지으며 하루를 즐기는 풍습이 있었는데, 이를 '등고'라고 해. 이런 전통은 가을 소풍이나 단풍놀이로 이어져 지금도 계속되고 있어. 또 국화꽃이 활짝 피기 때문에 국화꽃으로 담근 술을 마시거나 술잔에 국화꽃을 띄운 국화주를 마시고, 국화전을 먹으며 놀았어. 중양절에 국화주와 국화전을 먹으면 늙지 않고 오랫동안 산다고 생각했대. 단오에 창포로 나쁜 귀신을 쫓았던 것처럼 중양절에는 오수유 나뭇가지나 열매로 전염병과 나쁜 기운을 막았어. 오수유 열매의 붉은색과 강한 향기가 나쁜 기운을 물리쳐 준다고 생각했지.

고사도 지내고
김장도 하고

●음력 10월 | 상달 고사와 김장●

햇곡식과 햇과일 차려 놓고서 성주신께 정성껏 제사 드리고,
배추 속잎 위에다 양념 얹고서 김장 김치 맛있나 먹어 보아요!

상달 고사 지내는 날

전통 마을로 김장을 하러 가는 날이다. 김장은 겨울나기를 준비하는 거라더니, 정말 춥다. 배추를 다듬던 대장 아줌마가 우리를 반겨 주셨다.

"어서 와. 피곤할 테니 일단 들어가서 한숨 자. 새벽에 일어나야 하니까."

"어휴, 한밤중에 김장을 해요?"

내가 툴툴거리자 대장 아줌마가 빙그레 웃으셨다.

"아니, 김장하기 전에 집을 지켜 주는 여러 신들께 제사부터 지낼 거야. 신이 우리를 지켜 줘서 농사를 잘 지었으니까, 감사 인사를 드리는 거지."

음력 10월은 한 해 가운데 가장 좋은 달이라 특별히 '으뜸달'이라는 뜻으로 '위 상(上)' 자를 써서, '상달(上月)'이라고도 부른단다. 그래서 집집마다 음력 10월이 되면 좋은 날을 정해서 집안 으뜸신인 성주신, 집터를 지키는 터

주신, 부엌을 지키는 조왕신 등 집을 지켜 주는 여러 신께 제사를 지내는데, 이걸 '상달 고사'라고 부른다고 했다. 이번 달 세시 풍속으로는 김장밖에 없는 줄 알았더니, 역시 신께 드리는 제사가 빠지질 않는다.

대장 아줌마 말씀이 끝나자 훈장님께서 덧붙여 이야기해 주셨다.

"우리 조상들은 오랜 옛날부터 한 해를 마무리하는 추수가 끝나면 하늘에 감사하는 제천 의식을 열었단다. 제천 의식은 하늘을 숭배하고 제사를 지내는 종교 의식이란다. 고구려의 동맹, 부여의 영고, 예의 무천 등이 모두 추수를 감사하는 의식이지. 이것이 고려 시대에 와서 팔관회로 이어졌고, 조선 시대에 와서 집집마다 제천 의식을 지내게 된 거란다."

민우는 훈장님 얘기가 어려운지 다시 물었다.

"농사는 사람이 짓는 건데 왜 신께 제사를 지내요?"

"농사는 사람 혼자 짓는 게 아니란다. 햇볕도 적당히 좋아야 하고, 바람도 적당히 불어야 하고, 비도 적당히 내려야 하거든."

"아, 알았다! 햇볕과 바람과 비는 사람이 어떻게 할 수 없는 거니까, 신께 제사를 지내는 거네요."

이번엔 대장 아줌마가 민우 머리를 쓰다듬으며 말씀하셨다.

"집을 지키는 신뿐만 아니라 조상님께도 제사를 지낸단다. 풍성한 햇곡식과 햇과일을 보면 자신을 낳아 준 부모님이 생각나지? 그래서 부모님을 있게 한 조상님께도 제사를 올리는 거야. 농사를 준비할 때부터 계속 풍년을 기원하는 제사를 올렸잖아. 조상님과 신이 그 바람을 이뤄 주셨으니, 모든 수확이 끝나는 음력 10월이 되면 정성을 담아 감사하는 마음을 전하는 거야."

"그럼 조상님께는 언제 제사를 올려요?"

이번엔 내가 물었다.

"음력 10월 15일을 전후해서 올리는데, 그때 드리는 제사를 특별히 '시제'라고 해. 시제 때는 집안 문중의 많은 사람들이 모여서 5대 이상 되는 조상님 산소를 찾아가 제사를 지내."

"5대 이상이면 할아버지의 할아버지의 할아버지……. 헉헉. 아주 먼 조상이네요."

"그렇지. 조상님께 풍요롭게 한 해를 마무리하게 된 것과, 자손들이 건강하게 자랄 수 있게 보살펴 주신 것을 감사드리는 거야."

"그럼 추수 감사절과 비슷한 거네요? 미국에서도 11월 넷째 목요일 날, 한 해 동안 농사를 잘 짓게 도와주신 하나님께 감사하는 축제를 하거든요. 칠면조 고기도 먹고요."

"와, 민우 대단한데! 어느 나라든 감사하는 마음은 같나 봐요."

누나가 박수를 치면서 은근슬쩍 또 나섰다.

"그럼. 환경과 살아온 방식이 다르니 나라마다 풍속이나 문화가 다르지. 하지만 찾아보면 비슷한 점도 많단다."

"내일 김장을 하려면 힘들 텐데, 왜 꼭 오늘 상달 고사를 지내는 거예요?"

누나가 물었다. 이크, 또 한발 늦었다. 나도 그게 궁금했는데.

"상달 고사는 음력 10월 중에 좋은 날을 택해 지내는데, 오늘이 바로 그

좋은 날이란다. 원래 상달 고사는 집 안에 있는 신들께 지내는 고사라 손님을 못 오게 하지. 하지만 상달 고사가 어떤 건지 보여 주고 싶어서 너희는 특별히 받아준 거니까, 이따 새벽에 꼭 일어나야 한다."

"와, 특별한 사람이 된 기분이에요."

민우가 짝짝짝 박수를 쳤다.

"녀석, 언젠 너희가 특별한 손님이 아니었더냐?"

후다닥 방으로 들어가 누웠다. 금방 잠이 솔솔 쏟아졌다.

곤하게 자고 있는데 훈장님께서 우리를 흔들어 깨우셨다. 세상에, 새벽 한 시다. 한창 쿨쿨 잘 시간인데, 이게 무슨 고생이람. 대문 앞에는 벌써 솔잎을 꿴 새끼줄인 금줄이 쳐져 있고, 황토도 깔려 있었다.

"나쁜 기운이 들어오지 말라고 해 놓은 거야."

신기해하는 민우에게 누나가 알려 주었다.

마당에 있는 떡시루에선 김이 모락모락 올라왔다. 대장 아줌마는 떡시루를 상에 받쳐서 마루에 있는 성주신 앞에 가져다 놓으셨다. 물도 같이 놓았다.

"자, 이제 준비가 다 됐구나!"

"그런데 왜 마루부터 제사를 올려요?"

누나가 궁금하다는 듯이 물었다.

"마루에 있는 성주신이 집 안에 있는 여러 신 가운데 가장 어른이라, 먼저 인사를 드리는 거야."

대장 아줌마는 공손하게 절을 올린 뒤 두 손을 모아 비셨다.

"성주님, 올 한 해 농사 잘되게 해 주시고, 집안을 평안하게 잘 지켜 주셔서 감사드려요."

축원이 끝나자 다시 상을 차려서 부엌으로 갔다. 이번에는 조왕신께 절을 올리고 빌었다. 쌀이 있는 곳간, 우물가, 뒷간, 마당과 대문에는 물과 떡을 조금씩 갖다 두었다. 고사를 끝내고 나니 두 시가 훌쩍 지나 있었다.

"고생들 했다. 배고프지?"

그 말을 듣자 기다렸다는 듯이 배에서 꼬르륵 소리가 났다. 옹기종기 모여 앉아 떡을 나누어 먹었다. 꿀맛이었다.

긴긴 겨울을 준비하는 날, 김장 날

똑똑 문을 두드리는 소리에 벌떡 일어났다. 상달 고사를 보느라 새벽에 일어났다가 다시 잤더니 너무 졸렸다. 아침 일곱 시밖에 안 됐는데, 마당은 동네 사람들로 떠들썩했다. 아저씨들이 소금물에 절여 두었던 배추를 꺼내 헹구고, 우리는 그 배추를 받아 소쿠리에 착착 올려놓았다. 그사이 대장 아줌마와 다른 아줌마들은 무채에 고춧가루와 새우젓, 마늘과 생강, 파와 갓을 넣고 쓱쓱 버무렸다. 조금 있자 배추 속에 넣는 양념인 김칫소가 완성되었다. 침이 꿀꺽, 보기만 해도 먹음직스러웠다.

　모든 준비가 끝나자 온 동네 아줌마, 아저씨들이 모두 마당에 둘러앉아 배추에 소를 집어넣었다. 아저씨도 아줌마 못지않게 소를 잘 넣었다.

　"와! 정말 잘하세요. 우리 아빠는 부엌일을 도통 안 하시는데."

누나가 옆에 앉은 아저씨를 보며 감탄을 하자, 아저씨가 씩 웃으셨다.

"옛날에는 김칫독 묻는 것만 했는데, 생각해 보니까 여자들이 너무 힘들겠더라. 그래서 얼마 전부터 우리 동네 남자들은 모두 이렇게 같이 김장을 담가. 그래야 겨우내 김치 먹을 때 구박을 받지 않거든. 하하."

우리도 얼른 고무장갑을 끼고 소를 넣었다. 그런데 생각처럼 쉽지 않았다.

"아줌마, 양념이 매우니까 저절로 콧물이 흘러요."

기침이 콜록콜록, 콧물도 주르륵 나오고, 배추에 넣은 소도 자꾸 옆으로 빠져나왔다.

"애고, 안 되겠다. 너희는 배추 배달이나 해라!"

대장 아줌마가 노란 배추 잎에 소를 올려 입에 쏙 넣어 주셨다. 입에서 불

이 날 것 같았다. 그런데 또 먹고 싶었다. 민우도 맵다며 펄쩍펄쩍 뛰었다. 그러더니, 금방 하나 더 달라며 입을 벌렸다. 아줌마들이 배추에 소를 넣는 동안, 훈장님은 뒷마당에 김칫독이 들어갈 만큼 커다란 구덩이를 파셨다.
"훈장님 댁에는 김치 냉장고가 없어요?"
"요 녀석, 김치는 땅에 묻었다가 먹어야 제맛이지!"
훈장님께서 파 놓은 구덩이에 김칫독을 넣고 김치를 차곡차곡 담았다. 뚜껑을 닫고, 짚으로 치마도 만들어 입혔다. 그렇게 해야 온도가 적당해서 김치가 맛있게 잘 익는단다.
꼬르륵 꼴꼴. 아침 일찍부터 부산을 떨었더니 배가 고프다.
김장이 다 끝나자 대장 아줌마가 김이 모락모락 나는 삶은 돼지고기와 무를 썰어 넣고 끓인 동탯국을 내

오셨다.

　평상에 옹기종기 모여 앉아 밥을 먹었다. 배추 잎 위에 삶은 돼지고기와 김칫소를 얹어 먹었다. 힘들게 김장을 하고 난 뒤라 그런지, 정말 맛있었다. 동탯국도 아주 시원했다.

　"모두 애쓰셨어요. 내일은 어느 집이죠?"

　"내일은 미영이네예요."

　대장 아줌마는 사람들에게 김장 김치를 한 포기씩 들려 보내셨다.

　"겨울 동안 먹을 김치를 담그는 일은 쉬운 일이 아니야. 아줌마 어렸을 때만 해도 김치가 가장 큰 반찬이라 집집마다 많이 담갔거든. 보통 백 포기씩은 담갔다니까. 배추김치만 담갔나, 총각김치, 깍두기, 동치미, 갓김치……. 한 집에 김치 대여섯 가지는 기본이었지. 그래도 이렇게 서로서로 도와 가며 함께 하니 힘이 덜 들었지."

　대장 아줌마 말씀에 엄마 혼자 김장을 하시던 모습이 떠오르자, 마음이 싸했다. 김치 몇 포기 나르는 것도 이렇게 허리가 아픈데, 엄마는 그동안 정말 힘드셨겠다. 아파트에서도 모여서 김장을 담그면 안 되나? 그럼 덜 힘들고 재미도 있을 텐데. 그럼 김장하는 날이 꼭 잔칫날 같을 텐데. 전통 마을에서는 내일 미영이네 집에 모여서 또 김장 잔치를 벌이겠지?

　대장 아줌마가 집에 가져갈 김장 김치를 챙겨 주셨다. 다음 달에 내려오면 팥죽을 쒀 주겠다고 약속도 하셨다. 팥죽을 먹는 날에는 또 어떤 의미가 숨어 있을까? 벌써부터 기대가 된다. ★

가신이 뭐지?

우리 조상들은 집 안 곳곳에 머물며 가족과 집안일을 돌보고 지키는 가신들이 있다고 믿었어. 그래서 농사가 마무리되는 음력 10월이면 좋은 날을 정해 집안을 돌보아 주는 가신들에게 상달 고사를 지냈어. 하늘과 조상께 한 해 농사와 집안의 편안함에 대해 감사의 예를 올리는 거지.

성주신 : 집 안에 있는 신 가운데 가장 중요하게 여기고 섬기는 신이야.

삼신 : 아기를 태어나게 하는 신이야. 삼신할머니라고도 해. 아기가 남자인지 여자인지 결정하고, 아기의 건강을 책임지지.

터주신 : 집터를 관장하는 땅신이야. 땅속으로부터 올라오는 나쁜 기운을 누르고 못된 귀신을 다스려서 그 집터에 사는 사람들을 보호해 줘.

조왕신 : 부엌에 있는 신으로, 물과 불을 다스리고 식구들의 건강을 보살펴 줘.

문신 : 문에 있는 신으로, 잡귀가 집 안으로 못 들어오게 막아 줘.

측신 : 뒷간, 즉 화장실에 있는 가장 낮은 신이야. 측신은 성질이 고약해서 갑자기 놀래키면 분풀이로 병에 걸리게 해.

팥죽도 먹고 달력도 받고

음력 11월 | 동지

작은설인 동짓날 지나가면 희망에 찬 한 해가 시작되고요,
새알심이 가득 든 팥죽 먹으면 나이를 한 살씩 더 먹는대요!

밤이 가장 긴 날, 동지

밤새 첫눈이 왔나 보다. 나무와 자동차 위로 눈이 소복이 쌓여 있었다. 양력으로는 12월이지만 음력으로는 아직 11월이다. 이제 크리스마스도 얼마 남지 않았다. 얼마 전까지만 해도 12월이면 크리스마스밖에 몰랐는데, 세시 풍속을 알면서부터는 내가 모르는 어떤 날이 또 숨겨져 있을지 궁금하다. 대장 아줌마가 이번 달에는 팥죽을 만들어 주신다고 했는데…….

"춥다. 옷을 따뜻하게 입고 가야지. 모자랑 장갑도 챙기고."

할아버지께서 훈장님께 드릴 선물을 챙겨 주셨다.

"뭐예요?"

"녀석, 궁금한 것도 많다. 이건 달력이란다. 옛날에는 동짓날이 되면 나라에서 달력을 만들었단다. 임금님이 달력에 '동문지보'라는 도장을 찍어서 신하에게 나누어 주면, 신하는 그 달력을 받아다가 친척과 이웃에게 나누어 주곤 했지. 보통 단오에는 부채를 선물하고, 동지에는 달력을 선물한단다."

엄마는 손수 짠 목도리를 챙겨 주셨다.

"이건 훈장님, 이건 대장 아줌마께 드리렴. 김장 김치 잘 먹었다고 꼭 말씀드리고."

"알겠습니다! 할아버지와 엄마 마음을 잘 전해 드리고 오겠습니다."

"옳거니! 선물도 선물이지만 세시 풍속은 마음과 마음을 나누는 일이기도 하지."

내가 씩씩하게 대답하자, 할아버지께서 기분 좋게 웃으셨다.

"오늘이 전통 마을에 가는 마지막 날인데, 우리도 선물을 준비할까?"

와, 누나가 이런 기특한 생각을 다 하다니! 물론 찬성이지, 찬성! 누나가 꽁꽁 숨겨 두었던 비상금을 꺼내자, 나랑 민우도 일주일치 용돈을 모두 내놓았다. 우리는 따뜻한 양말을 사고 카드도 직접 만들어 서둘러 전통 마을로 출발했다.

추운 날씨에도 훈장님께서 마을 입구까지 마중을 나와 계셨다. 민우가 훈장님을 보자마자 달려가 덥석 안겼다. 훈장님은 우리를 번갈아 가며 꼭 안아 주셨다.

"날씨가 추우니까 어서 방에 들어가서 몸부터 녹이자."

대장 아줌마는 따끈한 모과차랑 한과를 가져다주셨다.

"오늘이 팥죽을 먹는 동지란다. 한 해 가운데 밤이 가장 길고 낮이 가장 짧은 날이지. 조상들은 동지를 정월, 한 해의 시작이라고 생각해서 '작은설'이라고 불렀어. 동지가 지나면서부터는 다시 낮이 길어지니까, 봄이 다시 시작된다고 생각한 거야. 자, 몸이 녹았으면 슬슬 잔치 준비부터 해 볼까?"

"잔치? 아, 파티요?"

"그래, 동지 파티! 새해엔 아픈 일 없이, 건강하고 즐겁게 지내게 해 달라고 마을 사람 모두 모여 잔치를 하자꾸나."

우리는 가위로 쓱싹쓱싹 예쁜 한지를 오려 초대장을 만들었다. 그림을 잘 그리는 누나가 복주머니와 팥죽을 그리고, 나와 민우가 글씨를 썼다. 우리 셋은 초대장을 만들어 집집마다 돌렸다.

훈장님은 벽과 기둥에 한자로 '뱀 사(蛇)' 자가 적힌 부적을 거꾸로 붙이셨다. 그래야 귀신이 들어오지 않는단다. 대장 아줌마는 찹쌀 반죽이 담긴 그릇과 쟁반을 가지고 오셨다.

"너희, 팥죽에 넣는 새알심 만들어 봤니?"

누나가 얼른 반죽을 조금 떼어 새알심을 하나 만들었다.

"이렇게 새알처럼 빚으면 되지요?"

나랑 민우도 찹쌀 반죽을 조금씩 떼어 동글동글 새알심을 만들었다.

"그런데 얘들아, 동짓날 왜 팥죽을 먹게 되었는 줄 아니?"

훈장님께서 팥죽에 얽힌 이

야기를 들려주셨다.

"옛날 중국에 공공이라는 사람이 살았단다. 공공은 말썽쟁이 아들 때문에 하루도 마음 편할 날이 없었지. 그러던 어느 해 동짓날 공공의 아들이 갑자기 죽고 말았단다. 공공의 아들은 죽어서까지 천연두를 옮기는 귀신이 되어 사람들을 쫓아다니며 괴롭혔지. 공공은 아들이 귀신이 된 게 속상했지만, 천연두에 걸려 죽을까 봐 벌벌 떠는 사람들을 보는 게 더 마음이 아팠단다. 그래서 아들이 살아 있을 때 가장 싫어하던 팥으로 죽을 쑤어서 대문과 마당 구석구석에 뿌렸지."

"아들이 찾아오지 못하게 한 거예요?"

"그렇지. 그다음부터 동짓날이 되면 사람들은 너도나도 팥죽을 쑤어서 벽이나 문, 장독, 마당, 부엌 여기저기에 뿌리기 시작했단다. 팥죽의 붉은 색을 보고 나쁜 병을 옮기는 귀신들이 놀라서 도망갈 거라고 믿었거든."

"아하, 맞아요. 손톱에 붉은 봉숭아물을 들이는 것도 귀신을 쫓아내기 위해서라고 했어요."

누나가 설명을 하자 훈장님께서 기특해하셨다.

"그렇단다. 옛날에는 나라에 전염병이 돌면 우물에 팥을 넣기도 했단다. 그래야 병도 없어지고 물이 맑아진다고 생각했거든. 또 팥죽으로 한 해 농사를 점치기도 했지. 동짓날 날씨가 더워 팥죽이 쉬면 다음 해 농사가 풍년이 들 거라 믿었어."

"아기를 낳으면 새끼줄에 빨간 고추를 매달거나, 새색시 얼굴에 붉은 연

지를 바르거나, 창포비녀에 붉은색으로 글자를 새기는 것도 모두 귀신을 쫓기 위한 거죠?"

누나는 참 아는 것도 많다. 훈장님과 누나의 이야기를 듣는 동안 팥죽이 완성됐다. 대장 아줌마는 나쁜 귀신이 들어오지 말라고 방, 마루, 광, 부엌의 신들께 팥죽 한 그릇씩 떠서 올리셨다. 그런 다음 대문 여기저기에도 수저로 떠서 훌훌 뿌리셨다.

하나, 둘 동네 사람들이 훈장님 댁으로 모여들었다. 그런데 모두 빈손이 아니었다. 찐 고구마, 톡 쏘는 수정과, 바삭바삭한 한과, 잡채 등을 가지고 오셨다. 커다란 상을 꺼내 대장 아줌마가 끓인 팥죽과 동네 사람들이 가져온 음식을 차려 놓으니, 왁자지껄 잔치가 시작됐다.

"형, 핼러윈이랑 크리스마스 잔치도 재밌는데, 동지 잔치도 신 나네!"

"헤헤, 나도 동지 잔치는 처음이야. 그런데 핼러윈은 언제야?"

"10월 31일 밤이야. 서양 사람들은 11월 1일에 새해가 시작된다고 믿었대. 한 해의 마지막 날인 10월 31일 밤이 되면 죽은 사람들 영혼이 집으로 찾아온다고 생각했대. 그래서 이상한 분장이나 가면을 쓰고 모닥불을 피워서 영혼이 들어오는 걸 막았는데, 그게 핼러윈 축제의 시작이야."

"텔레비전에서 보니까 애들이 큰 호박을 쓰고 다니던데?"

누나가 끼어들었다.

"응, 밤이 되면 마녀, 유령, 좀비, 박쥐, 검은 고양이 등으로 분장하고 집집마다 찾아다니면서 과자나 사탕을 달라고 해."

"와, 재미있겠다!"

누나가 내 옆구리를 쿡 찔렀다.

"그럼 동지 잔치는? 동지 잔치는 별로라는 거야?"

"누가 별로래? 핼러윈은 핼러윈이고, 동지는 동지지."

"그래, 지난번에 추수 감사절 얘기하면서 말했지? 문화는 좋고 나쁜 게 아니라 다양한 거란다."

내가 대장 아줌마처럼 말하려고 했는데, 누나 때문에 기회를 놓쳤다. 윷놀이를 마지막으로 시끌벅적 동지 잔치도 끝났다.

드디어 선물 공개 시간! 엄마가 짠 목도리와 우리가 준비한 양말을 드렸다. 훈장님은 할아버지께서 선물한 달력을 한참 동안 들여다보셨다.

"올해 너희를 만나서 무척 즐거웠단다. 세시 풍속은 우리 조상들이 살아오면서 만들어진 지혜로운 풍속이란다. 풍요와 복, 건강을 빌기도 하지만, 우리 민족이 살아가는 데 힘을 주고 마음을 즐겁게 해 주는 축제이기도 하지. 세시 풍속 하나하나가 우리 민족의 생활, 생각, 지혜가 반영되어 있는 소중한 문화유산이라는 걸 잊지 말았으면 좋겠구나."

"네, 알겠습니다. 훈장님!"

우리는 약속이나 한 듯 똑같이 대답했다. 훈장님은 직접 쓰신 《소학》을 한 권씩 선물로 주셨다. 며칠 동안 먹을 갈아 손수 글씨를 쓰셨을 훈장님을 생각하자, 눈물이 핑 돌았다. 아쉽지만, 전통 마을과도 이제 안녕이다. 훈장님, 대장 아줌마, 저희도 즐겁고 행복했어요! 동지 잔치도 정말 끝내줬고요. 내년엔 꼭 친구들과 함께 멋지고 근사한 동지 잔치를 할게요. ★

동지는 양력으로 지내는 명절

동지는 한 해 가운데 밤이 가장 길고, 낮이 가장 짧은 날이야. 동지는 다른 명절과 달리 양력으로 12월 21일 또는 22일이야. 음력으로는 보통 11월 중순쯤이지.

동지는 24절기 가운데 하나야. 절기는 하늘에서 태양이 한 해 동안 지나가는 길을 24개로 나눈 거야. 한 해는 365일이기 때문에 24로 나누면 15.2일쯤 돼. 그래서 옛날 사람들은 동지를 기준으로 15.2일씩 더해서 다음 절기를 정했어. 왜 절기를 만들었느냐고? 음력과 24절기를 함께 사용해서 달과 태양의 움직임을 모두 나타내기 위해서야.

옛날 사람들이 쓰던 음력은 달의 움직임을 이용한 것이라 달의 변화는 잘 나타냈지만, 태양의 위치 변화는 나타내지 못했어. 그런데 계절이 변하는 것은 태양의 위치와 관련이 많았기 때문에 음력의 날짜와 계절의 변화가 잘 맞지 않았지. 계절의 변화를 나타내기 위해 24절기를 만들었는데, 농사를 지을 때 꼭 필요했지.

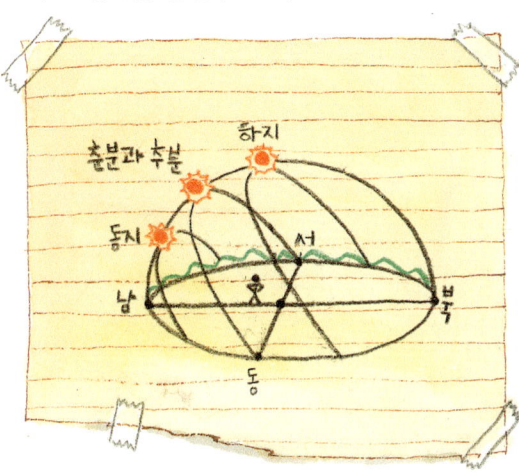

옛날 사람들은 동지를 죽어 있던 태양이 살아나는 날이라고 생각하여 한 해의 시작으로 여겼어. 그래서 동지를 '작은설'이라고 부르며 "팥죽을 먹어야 나이를 한 살 더 먹는다."고 했대.

묵은세배도 하고
해 지킴이도 하고

음력 12월 | 섣달그믐

친구들과 모여서 썰매도 타고 편을 갈라 팽이도 쳐 보았지요.
피곤하고 졸려도 자지 마세요. 하얀 눈썹 될까 무섭답니다!

한 해의 마지막 날, 섣달그믐

양력으로는 벌써 해를 넘긴 새해 1월이지만 음력으로는 12월이다. 음력 12월은 한 해의 맨 끝 달이라 섣달이라고 부른다. 마지막 달을 잘 보내고 희망찬 새해를 맞이하는 게 바로 이번 달에 할 일이다. 엄마는 아침부터 바쁘셨다. 가래떡을 뽑아 오고, 내일 설날에 쓸 차례 음식을 만드느라 정신이 없었다. 그동안 우리는 집 안을 깨끗이 청소했다. 할아버지는 한 해 동안 쌓인 먼지를 다 털어 내야 나빴던 일, 슬펐던 일이 모두 사라진다고 하셨다. 이렇게 하루 종일 청소하느라, 심부름하느라 왔다 갔다 했더니 저녁때도 안 됐는데 배가 고팠다. 그런데 엄마가 찬밥을 주셨다.

"엄마, 바쁘고 힘든 건 알지만 한 해가 가는 마지막 날인데, 찬밥은 좀 심하지 않아요? 오늘은 한식도 아닌데."

찬밥을 본 누나가 툴툴거렸다.

"깊은 뜻이 있으니 툴툴거리지 말고 꼭꼭 씹어 먹어. 우리 조상들은 12월의 마지막 날인, 섣달그믐 밤에는 그동안 남은 일을 모두 정리하고 끝내야 한다고 생각했어. 그래서 빌렸던 돈이나 물건은 돌려주고, 묵은 청소를 했어. 돈도 꾸지 않고 물건도 빌려 주지 않고, 큰 물건도 함부로 사지 않았지. 밥도 새로 하지 않고 남은 밥을 먹었어. 그래야만 새해를 경건하게 맞을 수 있다고 생각했거든."

"그렇다면 할 수 없죠, 뭐."

삐쭉 나왔던 누나 입이 쏙 들어갔다.

밥을 먹고 난 뒤에는 한복으로 갈아입고 할아버지께 묵은세배를 드렸다. 할아버지께서 나만 했을 때는 섣달그믐에도 이웃과 친척들을 찾아뵙고, 한 해 동안 건강하게 잘 지냈다고 인사를 드렸다고 한다.

"민우야. 한 해를 우리나라에서 보낸 느낌이 어떠냐?"

"처음 한국에 올 땐 서먹하고 두려웠는데, 한 해가 너무 금방 지나갔어요. 누나랑 형이랑 친해지고, 세시 풍속도 알고 즐겁게 놀아서 좋았어요."

"그래, 네가 어디에 있든 한국 사람이라는 걸 잊지 마라. 그래서 네 엄마도 널 여기로 보냈을 게다."

할아버지께서 울먹이는 민우를 꼭 안아 주셨다. 민우가 울먹울먹하니까 나도 자꾸 코가 맹맹해졌다.

"우리 오늘은 거실에서 모두 같이 자는 게 어때?"

"좋아."

내 말이 끝나자마자 누나가 이불을 가져왔다. 나란히 누워 도란도란 얘기를 나누었다.

"아, 잠이 안 오네. 우리, 윷놀이나 할래?"

누나가 벌떡 일어나며 말했다.

"좋아. 지는 사람이 꿀밤 맞기."

그런데 누나가 이상했다. 던졌다 하면 윷이 나오고, 던졌다 하면 모가 나왔다. 난 기껏해야 개랑 도밖에 안 나오는데.

"뭐야, 나 안 해! 대체 연습을 얼마나 한 거야?"

"내가 뭘? 지니까 비겁하게……."

누나가 눈을 흘겼다.

"현욱아, 화 그만 내고 이거나 먹어. 식혜하고 호박엿이야. 기분이 꿀꿀할 땐 단 게 최고야."

"엄마까지 왜 그래요? 내가 언제 화를 냈다고요."

"형 화낸 거 맞다, 뭐."

민우가 혀를 날름 내밀었다. 으, 민우 너까지!

"허허, 그렇게 아웅다웅하면 잡귀가 물러가는 게 아니라, 잡귀가 얼씨구나 하고 찾아오겠다. 조선 시대에는 섣달그믐에 나쁜 일을 막기 위해 '나례 의식'이라는 걸 했단다. 요란한 소리를 내는 폭죽을 터뜨리면 그 소리에 놀라 집 안에 숨어 있던 나쁜 귀신이 놀라서 도망간다고 믿었거든. 궁에서는 대포와 불화살인 '화전'을 쏘고 징과 북도 울렸단다."

"할아버지, 우리도 폭죽을 터뜨려요. 네?"

"어쩌누? 누나랑 민우는 이미 잠이 들었구나."

누나는 어느새 코까지 골면서 쿨쿨 자고 있었다. 민우도 곯아떨어졌다. 민우가 우리 집에 온 지도 벌써 일 년이 다 되어 간다. 처음부터 헤어질 날을 알고 있었지만, 막상 헤어질 때가 되니까 기분이 이상하다. 민우랑 함께여서 전통 마을에 가는 것도 더 즐거웠는데. 민우와 헤어질 생각을 하니까 눈이 더 말똥말똥해졌다. 그러자 엄마가 내 귀에 대고 속삭이셨다.

"비밀 하나 알려 줄까? 섣달그믐 밤에 해 지킴이를 안 하고 자면 눈썹이 하얗게 세."

"에이, 거짓말 마세요!"

"진짜야. 조상들은 묵은해가 가는 걸 지켜봐야 새해에 복을 받는다고 믿었어. 그래서 섣달그믐에는 아무리 힘들어도 밤을 꼬박 샜지. 그걸 '수세'라고 해."

좋았어! 아까 둘이 나를 놀렸지. 살금살금 밀가루를 가지고 와서, 누나 눈썹과 민우 눈썹에 살짝 발랐다.

'히히, 아침에 거울을 보면 둘 다 깜짝 놀라겠지.'

그런데 엄마가 갑자기 일어나 안방, 건넌방, 부엌, 화장실 집 안 구석구석을 다니며 불을 켜셨다. 누나랑 민우가 깨면 큰일인데.

"이렇게 환하게 불을 켜 두어야 부엌을 지키는 조왕신이 하늘 나라에 올라갔다가 내려올 때 집을 잘 찾을 수 있대."

"조왕신이 왜 부엌은 안 지키고 하늘 나라로 올라가요?"

"옥황상제께 한 해 동안 우리 집에서 무슨 일이 있었는지 전하려고 올라가지."

"설마 누나랑 나랑 싸운 걸 다 전하진 않겠죠?"

"그러게 누나랑 사이좋게 지내면 좀 좋아."

엄마가 약을 올리셨다.

"누군 뭐 싸우고 싶어서 싸워요? 누나가 맨날 잘난 척만 하니까 그렇지. 엄마는 몰라요, 누나가 얼마나 얄미운데. 민우한테만 잘해 줬단 말이에요."

"으이구, 형이 돼서 동생한테 샘을 내기는……. 설날 지나면 고모가 민우 데리러 올 거야. 그때까지 셋이 더 사이좋게 지내야 해. 이번에 헤어지면 한참 있다가 봐야 하니까."

"안 그래도 누나랑 같이 민우한테 줄 깜짝 선물 준비했어요. 한 해 동안 우리 집이랑 전통 마을을 오가면서 보고 즐긴 것을 모아서 책으로 만들었거든요. 미국에 가서도 우리 전통 문화를 잊지 말라고요."

우리가 만든 '세시 풍속 노트'를 본 엄마 눈이 휘둥그레지셨다.

"진짜야? 이걸 너희 둘이 만들었어?"

"훈장님하고 할아버지께서 알려 준 거 적고, 모르는 건 인터넷에서 찾았어요. 이럴 땐 잘난 척하는 누나가 있어서 다행이라니까요."

"내가 잘난 척만 하냐? 그거 정리하고 그림도 그리고 내가 다 했잖아."

언제 눈을 떴는지 하얀 눈썹을 한 누나가 또 잘난 척을 했다.

"엄마, 한 해 동안 진짜 많이 알았어요. 삼짇날, 단오, 칠석, 중양절, 백중날……. 이렇게 다양한 명절이 있는지 몰랐거든요. 세시 풍속 하나하나에 의미가 있다는 것도 정말 놀라웠어요. 계절이 변하는 것과 농사짓는 것에 따라서 자연스럽게 세시 풍속이 생겨난 것도 신기하지만, 그걸 지켜 온 조상님들 지혜도 정말 대단해요."

"그래서 세시 풍속이 중요한 거야. 반드시 지켜야만 하는 답답하고 복잡한 전통이 아니라, 우리 땅에서 살아가는 우리 민족 고유의 풍습이니까. 비록 시대에 따라 변하거나 의미가 달라지긴 했지만, 그런 풍속이 어떻게 시작되었고 이어져 왔는지 아는 것만으로도 의미가 있거든. 배우고 익혀야 소중히 생각하는 마음도 생기고, 그래야 계속 지켜 나가려는 노력을 하게 되니까. 훈장님께서 동지 잔치를 열어 준 것도, 너희 스스로 세시 풍속을 즐길 수 있는 방법을 찾아보라는 뜻 아니었을까?"

"걱정 마세요, 엄마! 우리 셋 모두 전통 문화 전달자가 되기로 약속했으니까요!"

"오호, 그런 기특한 생각을 했어?"

키득키득! 또 한 명의 하얀 눈썹 민우도 일어났다. 이별까진 아직 며칠 더 남았지만, 우리가 만든 세시 풍속 노트를 민우에게 미리 선물했다.

"형, 누나, 고마워! 미국에 가서도 여기에서 깨달은 거 잊어버리지 않을게. 세시 풍속뿐만 아니라 우리 문화에 계속 관심을 가지고 우리 것을 알아 나갈 거야. 그래서 한국을 잘 모르는 다른 나라 친구들한테도 알려 줄 거야."

민우가 씩씩하게 대답했다.

"우리 것은 좋은 것, 아름다운 것이다!"

셋이 입을 모아 외쳤다. 그런데 누나, 민우야, 거울 좀 봐. 히히!

섣달그믐에는 왜 잠을 안 잘까?

음력으로 한 해의 마지막 날은 섣달그믐이야. 옛날 사람들은 섣달그믐 저녁에 등불을 밝히고 밤을 새곤 했어. 그걸 '수세'라고 해. '불 밝히기', '해 지킴이'라고도 하지. 섣달그믐에 잠을 자지 않고 밤을 새는 건, 묵은해가 가는 것을 지켜보아야 새해에 복을 많이 받게 된다고 생각했기 때문이야. 옛날 사람들은 집 안 곳곳에 밤새 불을 켜 놓으면 한 해 내내 밝은 빛이 비치듯 복이 들어오고, 나쁜 귀신은 얼씬도 못한다고 생각했지.

섣달그믐에는 처마, 안방, 행랑, 문, 부엌, 변소 등 집 안팎의 구석구석에 환하게 등불을 켜 놓고, 가족들 모두 함께 모여 새벽닭이 울 때까지 잠을 자지 않았어. 밤새도록 화롯가에 둘러앉아 옛날이야기를 하거나 윷놀이를 하면서 졸음을 쫓으려고 애썼지. 아이들이 졸음을 참지 못하고 잠들면 흰 밀가루나 쌀가루를 개어서 눈썹에 발라 두고 이튿날 아침, 눈썹이 세었다고 놀리기도 했어.

옛날 사람들이 수세를 한 것은 섣달그믐을 한 해의 마지막으로 생각하는 것이 아니라, 새로운 시작이라 생각해서 묵은해를 되돌아보며 새해를 잘 계획하기 위한 거야.

온고지신 인터뷰
강릉단오제 지킴이 조규돈 회장님을 만나요

세시 풍속은 우리 문화의 뿌리

해마다 음력 5월이면 강원도 강릉에서는 단오제가 열려요. 천 년의 역사를 자랑하는 강릉단오제는 우리 고유의 세시 풍속이자 축제일 뿐만 아니라, 유네스코 세계 문화유산으로 지정된 우리의 훌륭한 전통문화랍니다. 강릉단오제 보존회의 조규돈 회장님은 단오제 제례 부문의 예능 보유자로, 지난 30여 년간 강릉단오제의 전통을 계승 발전시키는 데 큰 역할을 해 온 분이지요. 강릉에서 조규돈 회장님을 만나 강릉단오제와 세시 풍속 이야기를 들어 보았답니다.

강릉단오제는 언제부터 시작된 건가요? 아주 오래 전부터 전해져 왔다고 들었어요.

《고려사》 열전에 따르면, 강릉 출신의 왕순식이란 사람이 고려 시대 초기에 태조 왕건을 도와 전쟁을 승리로 이끌어 준 대관령 신령에게 제사를 지냈다는 기록이 있어요. 또 조선 시대에 《홍길동전》을 쓴 허균도 강릉단오제에 대한 기록을 자세히 남겼지요. 허균의 외갓집이 바로 강릉에 있었거든요. 그러니까 문헌에 따른 기록으로만 따져 보아도 강릉단오제는 천 년이 넘는 역사를 자랑하지요. 이렇게 오래전부터 전해 내려온 강릉단오제는 오늘날까지 거의 빠짐없이 해마다 치러졌어요.

🧒 일본에게 나라를 빼앗겼던 일제 강점기 때나 육이오 전쟁이 벌어졌을 때도 단오제를 했다는 건가요?

그럼요. 일제의 압박을 피해 중앙시장이나 남대천, 성남동 한구석에서 작은 규모로나마 빼놓지 않고 단오제를 치렀다고 해요. 모두 잘 알고 있겠지만, 우리나라를 식민지로 삼았던 일제는 우리 고유의 문화를 없애기 위해 별의별 짓을 다 했어요. 여기 강릉도 마찬가지였지요. 강릉 시내에 있던 대성황사를 헐어 버리고, 단오제도 못 지내게 했어요. 하지만 신기하게도, 단오제를 지내지 못한 그해에 가뭄이 아주 심하게 들었다고 해요. 가뭄 피해로 사람들 원성이 거세지자 결국 일본 군수는 다시 제사를 지내게 해 주었어요. 이렇듯 어려움 속에서도 단오제를 꿋꿋이 지켜 왔기 때문에 강릉단오제는 본래 모습을 잃지 않고 비교적 온전하게 전승될 수 있었지요. 그랬기 때문에 세계 문화유산으로 지정된 거예요. 강릉단오제를 지키려는 옛 어른들의 노력이 없었다면 불가능한 일이었겠지요.

🧒 강릉단오제가 세계 문화유산이라니, 정말 자랑스럽고 뿌듯해요. 그럼 단오제는 우리나라에만 있는 풍습인가요?

그건 아니에요. 중국과 일본에도 단오가 있어요. 그런데 '단오'라는 이름은

같지만, 나라마다 단오의 유래와 풍습은 서로 다르답니다. 중국의 단오는 우리나라처럼 음력 5월 5일이고, 춘추전국 시대에 초나라를 위해 충성을 다했지만 억울하게 죽은 시인 굴원을 기념하는 날이에요. 중국에서는 단옷날 용 모양의 배를 타고, 창포나 갈대 잎으로 싼 쫑즈라는 음식을 먹는 풍습 등이 있지요. 또 일본의 단오는 양력 5월 5일이고, 남자아이의 날이라는 뜻으로 '단고노셋쿠'라고 하지요. 단오 때면 일본에서는 오월 인형이라고 해서 일본 무사나 옛이야기에 나오는 영웅을 인형으로 만들어 장식하는데, 집안의 남자아이가 씩씩하고 건강하게 자라기를 바라는 마음이 담겨 있답니다.

사실 2005년에 강릉단오제가 유네스코 세계 문화유산으로 지정될 때 중국의 단오와 경쟁을 벌이기도 했어요. 그런데 강릉단오제는 오랜 역사를 자랑할 뿐만 아니라 유교적인 제사 방식, 단오굿과 관노가면극 그리고 흥겨운 놀이판이 함께 어우러지는 종합적인 축제로 인정받으면서 중국의 단오를 제치고 세계 문화유산으로 등록되었지요.

단오 행사는 강릉뿐만 아니라 다른 곳에서도 하잖아요. 그런데도 강릉단오제를 으뜸으로 꼽는 이유는 뭔가요?

단오는 설날, 한식, 추석과 함께 우리나라 4대 명절 중 하나였기 때문에 전국적으로 행해졌어요. 하지만 강릉단오제처럼 큰 규모로 성대하게 치르는 곳은 없는 걸로 알고 있어요. 강릉단오제는 대관령 산신께 드리는 술을 빚는 것부터 시작해서 다시 산신을 보낼 때까지 한 달 넘게 각종 행사가 이어진답니다. 단오굿과 관노가면극을 중심으로 그네뛰기, 씨름, 줄다리기 등 다채로운 민속놀이가 벌어지는데, 이 행사에 참여하는 사람이 백만 명이 넘을 때도 있어요. 특히 강릉단오제의 가장 큰 자랑거리라면 많은 강릉 시민이 스스로 참여한다는 점이에요. 해마다 단오제에 쓰는 쌀인 신주미를 각자 조금씩 내놓는데, 매번 4,000여 집에서 200가마 정도씩 쌀이 모인답니다. 다른 지역 사람들이 많이 부러워하는 점이지요.

와, 진짜 대단한걸요! 그런데 요즘 단오는 옛날 단오와 많이 다를 것 같은데, 뭐가 달라졌나요?

아무래도 시대에 따라 단오 풍습도 많이 달라졌지요. 제가 어렸을 때는, 설날에 설빔을 입듯이 단오 때면 단오빔이라고 해서 누구나 새 옷을 하나씩 해 입었어요. 또 세뱃돈을 받듯 용돈도 받았는데, 그 돈은 저축하라고 주는 게 아니라 단오장(단오 때 열리는 장)에 가서 마음껏 쓰라고 준 것이지요. 그래서 우리 어렸을 적엔 설날이나 추석 때보다 단오 때를 더 좋아했던 것 같아요. 또 요즘에는 단옷날에 차례를 지내는 집이 별로 없지만, 옛날엔 단옷날 아침이면 집집마다 조상님께 차례를 지냈지요.

단오빔과 단오 용돈 같은 풍습을 다시 되살린다면 어린이들도 단오를 더 좋아할 것 같아요. 단오 말고 옛 세시 풍속 가운데 오늘날 되살리면 좋은 것에는 또 무엇이 있을까요?

설날 풍습으로 '도배'라는 것이 있어요. 간단히 말하자면 합동 세배 같은 것인데, 마을에서 가장 나이가 많고 인품이 훌륭한 촌장님 집에 마을 사람들이 함께 모여 서로 세배를 하는 것이지요. 나이 많으신 촌장님도 일일이 세배를 받으려면 힘이 들 테니까 한꺼번에 세배를 드리는 거예요. 또 이웃 간에도 인사를 하고 정을 나누는 시간이 되지요. 물론 친척들은 집집마다 세배를 하러 다녔는데, 이렇게 서로 얼굴을 보고 덕담을 나누다 보면 저절로 공동체 의식이 생길 수밖에 없어요. 요즘에는 참 보기 힘든 풍경이 되었는데, 사실 이런 풍습은 핵가족이 대부분인 요즘에 더 필요한 게 아닌가 싶어요. 나밖에 모르는 이기심 대신, 다른 사람과 더불어 살아갈 수 있는 따뜻한 마음을 갖게 해 주니까요.

오늘날 세시 풍속이 점점 사라져 가는 모습을 보면 어떤 생각이 드세요?

나무가 크고 무성하게 자라려면 뿌리가 튼튼해야 하지요. 그와 마찬가지로 세시 풍속 같은 전통 문화는 우리 문화를 건강하게 해 주는 뿌리와 같은 역할을 하지요. 그런데 요즘 사람들은 우리 명절보다 크리스마스나 밸런타인데이 같은 서양 풍속에 더 열광하는 것 같아요. 대보름이나 단오, 한식 같은 명절은 언제 있는지도 모르면서 화이트데이나 빼빼로데이 등 국적도 없는 이상한 날을 만들고 즐기지요. 우리 문화의 뿌리를 튼튼히 하면서 다른 문화를 즐겼으면 합니다. 사실 강릉단오제만 해도 언제 사라질지 모르는 형편이에요. 지금 강릉단오제를 계승하는 전수자가 모두 일흔 명쯤 되는데, 대부분이 60대 노인이거든요. 젊은 사람들이 그 맥을 잇지 않으면 언제 끊어질지 모르지요. 정말 안타까운 일이에요.

앞으로 꼭 이루고 싶은 꿈은 무엇인가요?

강릉단오제의 매력을 좀 더 많은 사람, 특히 우리 어린이들에게 널리 알리고 싶어요. 몇 년 전부터 유치원이나 초등학교에 다니면서 관노가면극 공연을 하는 것도 그 이유에서지요. 그런데 관노가면극은 대사 없이 몸짓만으로 이야기를 전달하는 무언극이라, 아무래도 어린이들이 이해하기에는 어려움이 있지요. 만약 여기에 말로 된 대사도 넣고, 또 인형극으로도 꾸미면 훨씬 쉽고 재미있게 받아들일 수 있지 않을까 해요. 더불어 강릉단오제를 전문적으로 가르치고, 공연도 마음껏 할 수 있는 전승 회관을 만들고 싶답니다.

마지막으로 우리 어린이들에게 꼭 들려주고 싶은 말씀이 있으시다면요?

얼마 전에 아주 어처구니없는 일이 있었어요. 중국이 아리랑을 자기네 나라의 문화재로 지정하고, 유네스코 세계 문화유산으로 등록해 달라는 신청까지 냈어요. 그런데 우리나라에서는 아리랑이 무형 문화재로 지정되어 있지 않아요. 이런 일이 다시 벌어지지 않으려면 무엇보다 우리 전통 문화를 사랑하고 배우려는 자세가 필요하지요. 이 점을 우리 어린이들이 꼭 기억해 주었으면 해요.

> **단오제 제례 예능 보유자, 조규돈 회장님**
> 강릉에서 태어났고 30여 년 동안 강릉문화원에서 일했으며, 지금도 강릉단오제보존회 회장으로 활동하면서 강릉단오제를 비롯해 강릉의 민속 문화를 보존하는 데 열정을 기울이고 있어요. 중요무형문화재 제13호 단오제 제례 부문 예능 보유자로 대한민국 문화예술상을 받았으며, 쓴 책으로 《조선 시대 상장·제례의 이해》가 있어요.

천 년의 숨결이 살아 있는 민속 축제, 강릉단오제

우리나라에는 천 개가 넘는 축제가 있어요. 그 가운데 강릉단오제는 옛 전통이 고스란히 살아 있는 가장 오래된 축제이지요. 엄격한 형식에 따라 진행되는 제사가 있고, 신과 인간을 위로하는 춤과 노래로 이루어지는 단오굿이 있으며, 신과 인간이 함께 어우러져 흥겹게 즐기는 민속놀이도 다양하게 벌어진답니다. 2005년 유네스코로부터 세계 문화유산으로 선정되면서 세계 사람들의 관심도 더욱 높아졌지요. 자, 그럼 신 나고 흥겨운 강릉단오제를 함께 즐겨 볼까요?

신주(단오술) 빚기

강릉단오제는 음력 4월 5일 신주 빚기로 시작해요. 강릉 사람들은 단오가 되면 집안의 평안을 기원하고, 단오제를 잘 치르기를 바라며 조금씩 쌀을 모아요. 이 쌀로 술과 떡을 만들어 제사에 쓰고, 제사가 끝나면 사람들과 같이 나누어 먹지요. 또 단오제에 참가하면 직접 신주를 담가 보고, 담근 신주를 집으로 가져갈 수도 있어요.

단오신 모시기

강릉단오제에서 음력 4월 15일은 아주 중요한 날이에요. 본격적으로 축제가 열리기 전에 먼저 신을 모셔야 하거든요. 대관령 산신인 김유신 장군과 대관령 국사성황신인 범일 국사, 여성황신인 정씨 처녀에게 제사를 올리고, 신이 깃들어 있다고 믿는 나무인 신목을 들고 마을로 내려와야 비로소 축제가 열린답니다. 신목에는 사람들이 소원이 이루어지기를 빌며 오색 천을 걸어 놓지요.

관노가면극

우리나라에서는 유일하게 대사 없이 춤과 몸짓으로 이야기를 전달하는 무언 가면극이에요. 옛날에는 관청에 딸린 노비들이 놀잇꾼을 했기 때문에 '관노'라는 말이 붙은 거예요. 가면극은 양반 광대와 소매 각시의 사랑과 화해를 그리고 있고, 시시딱딱이와 장자마리가 등장하여 풍년과 평안을 기원하지요.

난장과 민속놀이

축제가 벌어지는 동안 강릉 남대천에서는 난장이 열리고, 씨름과 그네뛰기를 비롯하여 창포물로 머리 감기, 단오부채 그리기, 수리취떡 만들기 등 단오와 관련된 다양한 세시 풍속을 즐길 수 있어요.

조전제와 단오굿

단오제가 열리는 동안 아침마다 유교식 제사를 올리는데, 이를 '조전제'라고 해요. 제사가 끝나면 사람들과 제사 음식을 나누어 먹고 그 자리에서 해가 질 때까지 하루 종일 단오 굿판이 열리지요. 단오굿은 마을의 평안과 풍년을 비는 기원 행사이기도 하지만, 지금은 뛰어난 공연 예술로 많은 사람들에게 사랑을 받고 있답니다.

도움 받은 책과 인터넷 사이트

홍석모, 정승모 • 《동국세시기》 • 풀빛

정학유, 김영호 • 《농가월령가》 • 꿈이있는세상

한국민속학회 • 《민속놀이, 축제, 세시풍속, 통과의례》 • 민속원

김성원 편 • 《한국의 세시풍속》 • 명문당

김종대 • 《열두 달 풍속놀이》 • 산하

한국민속대백과사전 • http://folkency.nfm.go.kr/sesi/index.jsp • 한국세시풍속사전

국립민속박물관 • http://www.nfm.go.kr/Data/cMjanu01.jsp • 열두 달 세시 풍속

일러두기

● 맞춤법, 띄어쓰기는 국립국어연구원에서 펴낸 〈표준국어대사전〉을 기준으로 삼았습니다.
● 외국 인명, 지명은 국립국어연구원의 〈외래어 표기 용례집〉을 따랐습니다.
● 날짜는 음력과 양력을 구분하여 표기하였습니다.
● 전통 풍습과 의례 등은 시대와 지역에 따라 차이가 많이 날 수 있으므로 전통문화에 대한 어린이들의 눈높이에 맞춰 내용을 구성하였습니다.
● 이 책에 사용한 모든 자료의 출처를 밝히기 위해 최선을 다하였습니다. 누락되었거나 잘못된 점을 알려 주시면 바로잡겠습니다.
● 사진 제공 및 저작권자: 이한구 8-9, 28-29, 58-59, 68-69, 94-95, 118-119, 126-127, 148-149 | 토픽이미지 40-41, 80-81, 108-109, 138-139 | 강릉단오제보존회 158, 161, 164, 166-167

토토 우리문화 학교 2

열두 달 세시 풍속 이야기

초판 1쇄 2012년 10월 10일 | **초판 8쇄** 2024년 5월 20일 | **글** 박혜숙 | **그림** 한수자 | **인터뷰 진행** 김현숙 | **편집기획** 이세은, 아우라 | **디자인** 조희정
마케팅 강백산, 강지연 | **펴낸이** 이재일 | **펴낸곳** 토토북 04034 서울시 마포구 잔다리로7길 19, 3층(서교동, 명보빌딩) | **전화** 02-332-6255
팩스 02-6919-2854 | **홈페이지** www.totobook.com | **전자우편** totobooks@hanmail.net | **출판등록** 2002년 5월 30일 제2002-000172호
ISBN 978-89-6496-085-1 74380 • **ISBN** 978-89-6496-083-7 74380(세트)
ⓒ 박혜숙, 한수자 2012 | 이 책은 저작권법에 의해 보호를 받는 저작물이므로 무단 전재 및 무단 복제를 금합니다. 잘못된 책은 구입하신 곳에서 바꾸어 드립니다.

제품명: 열두 달 세시 풍속 이야기 | 제조자명: 토토북 | 제조국명: 대한민국 | 전화: 02-332-6255
주소: 서울시 마포구 잔다리로7길 19, 3층(서교동, 명보빌딩) | 제조일: 2024년 5월 20일 | 사용연령: 8세 이상
• KC 인증 유형: 공급자 적합성 확인
• KC마크는 이 제품이 공통안전기준에 적합하였음을 의미합니다.

⚠ 주의 아이들의 책의 모서리에 다치지 않게 주의하세요.